W0189762

Äpfel

Apfelblüte

Der Autor
Peter Himmelhuber ist gelernter Gärtner mit langjähriger Berufs-praxis in Baumschulen, Obst-baubetrieben, im Landschafts-bau und in botanischen Gärten. Er ist Autor zahlreicher Fach-bücher zum Thema Gartenbau und -pflege.

Die Fotografen
Peter Himmelhuber fotografiert auch seit vielen Jahren für re-nommierte Gartenfachzeit-schriften und Buchverlage. Wei-tere Fotos stammen von anderen bekannten Garten- und Planzen-fotografen (Nachweis Seite 63).

Die Zeichnerin
Christine Mills ist ausgebildete Grafikerin, sie studierte an der Kunstakademie in München. Für eine Reihe angesehener Verlage zeichnete sie Pflanzen- und Tiermotive. Für die GU Redaktion Natur illustrierte sie bereits viele Titel.

Wichtig: Damit die Freude an Ihren Obstgewächsen nicht ge-trübt wird, beachten Sie bitte »Warnung und Hinweis« auf Seite 63.

Peter Himmelhuber

Äpfel, Beeren...

in Töpfen und Kübeln

Mit ausführlicher Anleitung
für Auswahl, Kauf, Schnitt
und Vermehrung

Fotos: Peter Himmelhuber und
andere bekannte
Pflanzenfotografen
Zeichnungen: Christine Mills

GU GRÄFE UND UNZER

Inhaltsübersicht

Nutzen und Zierde
Ein Wort zuvor

Zarte, duftige Blüten, saftige, knackige Früchte, die das Wasser im Mund zusammenlaufen lassen. Wer so an einen Apfelbaum denkt, erinnert sich an einen mächtigen Hochstamm in einer Wiese. Seit einiger Zeit ist jedoch auch die Kultur von Obstbäumchen in Kübeln möglich. Neue Züchtungen, die nur kleine Gehölze entwickeln, sind bevorzugt dafür geeignet. Ebenso können sich Beerensträucher (wie Himbeere) und Stauden (wie Erdbeere), aber auch einige südländischen Arten (zum Beispiel Zitrone) in den kleinen Obstgarten auf dem Balkon einreihen. Peter Himmelhuber, gelernter Gärtner und Spezialist für Obst- und Ziergehölze, erläutert in diesem GU Ratgeber kompetent, worauf es bei der Kultur von Topfobst ankommt. Er stellt eine Auswahl der hierfür geeigneten Arten vor und gibt leicht verständliche, praxiserprobte Anleitungen für Pflanzung, Pflege, Ernte und Überwinterung. Darüber hinaus erhält der Leser zahlreiche Anregungen fürs Gestalten mit Obstpflanzen sowie Einkaufstips zu den einzelnen Obstarten und Sorten.
Viel Freude und Erfolg mit Ihren Obstpflanzen wünschen Autor und die GU Naturbuch-Redaktion

Verschiedene Obstgewächse mit Blütenpflanzen kombiniert.

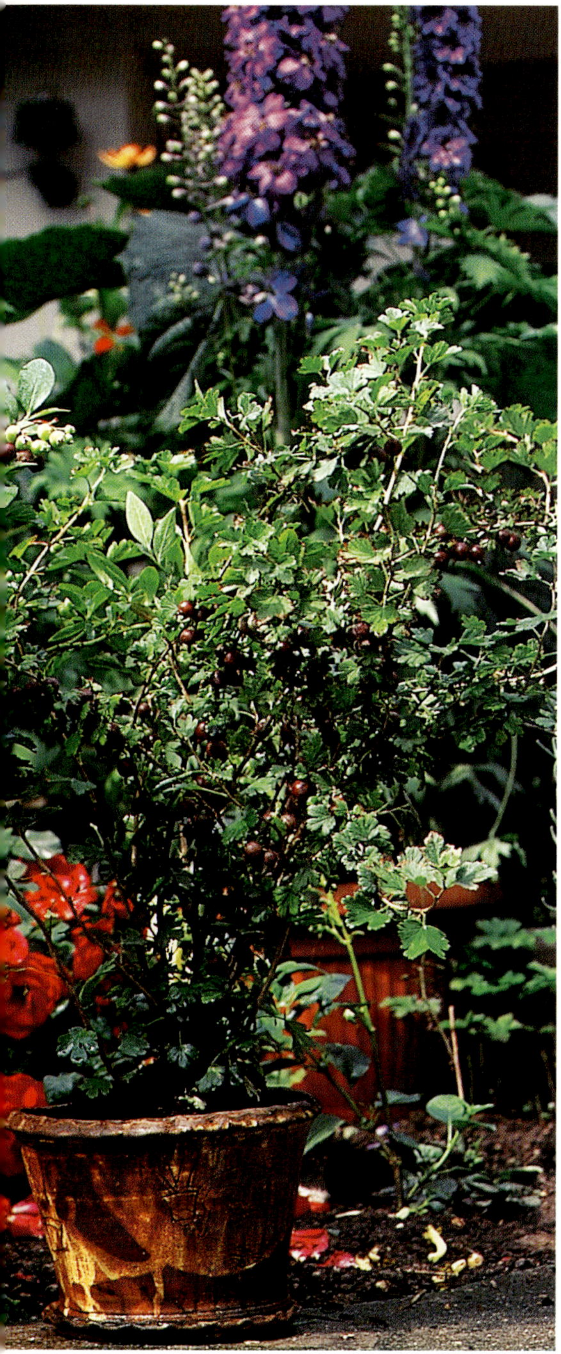

Wissenswertes über Obst

Standort und Auswahl

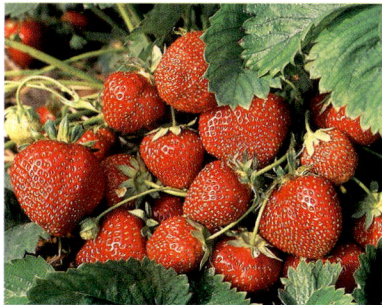

Ein blühendes Apfelbäumchen im Topf, saftig rote Erdbeeren in der Schale, blaue Weintrauben am grünen Spalier, ein duftendes Zitronenbäumchen – mit der richtigen Auswahl der Pflanzen bei entsprechend optimalen Standortbedingungen ist der Obstanbau auf Balkon und Terrasse auch von Erfolg gekrönt.

Foto links: Während der Stachelbeerbusch (rechts) im Sommer vollreife Früchte trägt und auch der Heidelbeerstrauch (Mitte) langsam zur Reife kommt, brauchen die Weintrauben (links) noch bis zum Herbst Zeit.
Foto oben: Erdbeeren tragen die ersten Früchte im Jahr.

Vielfalt von A bis Z

Obst gehört seit Menschengedenken zu den wichtigsten Nahrungsmitteln. Waren es früher vorwiegend Wildfrüchte, so kamen mit der Zeit auch gezüchtete Kultursorten hinzu. Heute reicht das fast unüberschaubare Angebot von A wie Apfel bis Z wie Zitrone. Dabei gibt es Gehölze, Stauden oder auch einjähriges Obst. Zu den Gehölzen zählen Kern- und Steinobst-Arten, wie Apfel oder Kirsche. Stauden sind beispielsweise Erdbeeren oder Rhabarber. Als einjähriges Obst werden Andenbeeren oder Birnenmelonen kultiviert, die allerdings gelegentlich auch dem Gemüse zugeordnet sind.

Herkunft

Die ursprüngliche Heimat der Obstgewächse ist oft am botanischen Namen ersichtlich. So weist *sinensis,* etwa bei *Citrus sinensis,* auf China als Herkunftsland hin. *Prunus armeniaca* (Aprikose) oder *Prunus persica* (Pfirsich) lassen ebenfalls das Ursprungsland erkennen. Bei anderen Arten, wie beim Apfel (*Malus silvestris*), wird der Naturstandort erkennbar; *silvestris* (manchmal auch *sylvestris*) heißt »im Wald wachsend«. Der Apfel ist tatsächlich eine typische Waldrandpflanze. Durch die Ansiedlung in Gärten haben sich Namen auch gewandelt. So wurde aus dem »Waldapfel« ein »Hausapfel« (*Malus silvestris variegata domestica* oder kurz *Malus domestica*). Natürlich hat die Herkunft der Obstgewächse eine wichtige Bedeutung für die Kultur im Garten oder auch in Gefäßen. Immerhin läßt sie u. a. erahnen, ob sie bei uns winterhart sind oder einen Frostschutz brauchen.

Botanik

Die botanischen Pflanzennamen sind weltweit einheitlich und gültig. So weiß ein Gärtner in Italien genau, was Sie wollen, wenn Sie eine Pflanze namens *Ficus carica* suchen. Mit der deutschen Bezeichnung Feige oder Feigenbaum kann er dagegen wenig anfangen. Ebenso sind die Pflanzen in allen botanischen Gärten der Welt mit ihren wissenschaftlichen Namen gekennzeichnet. Das gilt natürlich auch für Beschreibungen in Büchern und guten Katalogen. Durch die »Weltsprache« lassen sich Verwechslungen vermeiden. So ist das oft fälschlich als »Mandelbäumchen« bekannte Gehölz am botanischen Namen als reine Zierkirsche erkennbar: *Prunus triloba* heißt »Dreilappige Kirsche« (dreilappig bezieht sich auf die Blätter). Der Name des echten Mandelbäumchens (*Prunus dulcis*) läßt den Geschmack erkennen, denn *dulcis* heißt süß. Wenn Sie also Mandeln von einem Bäumchen am Balkon ernten wollen, müssen Sie sich ein solches echtes Mandelbäumchen beschaffen. Beim gängigen »Mandelbäumchen« können Sie lange auf Früchte warten. Es bringt »nur« Blüten hervor.

Gehölze, Stauden, Kletterpflanzen

Damit die gewünschten und beschafften Gewächse gut wachsen, gedeihen sowie zu gegebener Zeit blühen und fruchten, muß ihnen ein angemessener Lebensraum zuteil werden. Auch dazu sind botanische Grundlagen zu beachten. Während Gehölze wie Apfel, Birne oder Kirsche zu den ausdauernden Pflanzen zählen und je nach Erziehung und Typ einen kräftigen Stamm oder einen üppigen Strauch bilden, halten sich Stauden wie Erdbeeren oder Rhabarber zurück und bringen nur kleine Büsche hervor. Gehölze brauchen dementsprechend geräumige Plätze und Gefäße. Den Stauden genügt weniger Raum zum Wachsen. Fruchtende Kletterpflanzen wie Kiwis oder Weinreben lassen sich auch vom Garten aus nach oben zum Balkon lenken. Das erspart die Pflanzgefäße und erleichtert die Pflege.

Weintrauben entwickeln sich an einjährigen Trieben.

Winter- oder sommergrün

Zu unterscheiden ist weiterhin, ob die Obstpflanzen winter- oder sommergrün sind. Wintergrüne Pflanzen, wie etwa Zitrusgewächse, brauchen selbstverständlich das ganze Jahr hindurch genügend Licht. Sommergrüne machen sozusagen eine Winterpause, in der sie auch in einer dunklen Ecke überdauern können. Sie brauchen diese Pause sogar. In einem hellen, warmen Raum würden sie verkümmern. Aus diesem Grund lassen sich übrigens Apfelbäume, Weinreben und andere Gehölze aus gemäßigten Klimazonen der Erde nicht in tropischen Regionen kultivieren.

Es gibt aber mehr oder weniger tolerante Arten. So lassen sich Feigenbüsche sowohl ganzjährig drinnen oder draußen halten. Das Winterhalbjahr stehen sie in einem hellen, kühlen Quartier durch, wo sie bereits im Spätwinter wieder austreiben. Im Freien müssen die Kübel gut geschützt sein. Am besten senkt man sie in den Boden ein und häufelt das Strauchwerk mit luftigem Material an.

In geräumigen Containern sind Weinreben und Apfelbäumchen gut aufgehoben.

Bauliche Gegebenheiten

Prüfen Sie erst die baulichen Gegebenheiten, ehe Sie in der nächsten Baumschule Topfobst besorgen und mit dem Obstanbau auf Ihrem Balkon oder Ihrer Terrasse beginnen. Gehölze sind, anders als Sommerblumen oder die meisten Gemüsepflanzen, langlebige Gewächse.

Ihre Kultur braucht auf lange Sicht entsprechend günstige Bedingungen. Wenn keine idealen Voraussetzungen geschaffen werden können – sei es wegen zu geringer Belastbarkeit des Balkons oder fehlender Möglichkeiten zur Überwinterung südländischer Obstgehölze – entscheiden Sie sich besser für weniger anspruchsvolle Kübelpflanzen, wie zum

Beispiel Topfgemüse, sonst bereitet Ihnen Ihr kleiner Obstgarten wenig Freude. Es wäre schade um die Pflanzen.

Auswahl der Pflanzen

Grundsätzlich lassen sich alle Obstgehölze in Gefäßen kultivieren. Das geschieht ohnehin

Standortbedingungen

in den Baumschulen. Hier pflanzen die Gärtner junge Sämlinge oder Veredelungen in Kunststofftöpfe. In diesen sogenannten Containern bleiben sie dann bis zum Verkauf. So können fast das ganze Jahr Obstgehölze aller Arten gekauft und gepflanzt werden. Oft bleiben diese Bäumchen oder Sträucher mehr als 5 Jahre in den Töpfen, bis sie einen Platz im Garten bekommen. Natürlich eignen sich solche Containerpflanzen vorzüglich für die weitere Kultur in Pflanzgefäßen. Allerdings genügen ihnen die 5-Liter-Töpfe nur eine begrenzte Zeit. Je stärker das Wurzelwachstum, um so mehr Wurzelraum ist nötig. Ein gewöhnlicher Hausbalkon schränkt daher die Auswahl an Obstpflanzen und die Stellmöglichkeiten deutlich ein, es sein denn, er hat integrierte Pflanztröge aus Beton.

Platzbedarf

»Der Platz an der Sonne« kann selbstverständlich nicht groß genug sein. Je mehr Standfläche verfügbar ist, um so geräumiger können die Pflanzgefäße beschaffen sein. Das kommt natürlich dem Wurzelwerk und der Versorgung der Pflanzen entsprechend zugute. So bleibt in einem großen Kübel die Bodenfeuchtigkeit viel länger erhalten als in einem

kleinen Topf. Ein großes Gefäßvolumen erleichtert deshalb auch die Pflege, zumal die Bewässerung auf Vorrat erfolgen kann. Es mildert zudem eventuelle Pflegefehler ab und gleicht weniger günstige Standortbedingungen aus. Ein großes Erdvolumen kann nicht nur reichlich Wasser speichern, sondern auch den Dünger besser puffern. Zudem friert ein großer Wurzelballen in einem großen Gefäß nicht so leicht durch, wie ein kleiner in einem kleinen Kübel.

Lage und Pflanztermin

Sind Lage und Größe des künftigen Standorts günstig, kann der Obstanbau auf Balkon und Terrasse beginnen. Die beste Zeit hierfür ist vom Frühjahr bis zum Herbst. Im Herbst bringt eine Bepflanzung wenig, zumal die meisten Gehölze im Winter ohnehin kahl sind. Nur Immergrüne, wie Zitronenbäumchen oder Wollmispeln, bleiben auch im Winter attraktiv. Sie brauchen allerdings ein helles, frostfreies Quartier. Diese beiden Arten zeigen übrigens, daß sich der Anbau von Topfobst durchaus lohnen kann. Es gibt uralte Exemplare, die reich und regelmäßig blühen und fruchten. Beachten Sie hierzu die Beschreibungen und Portraits der einzelnen Arten

(Seiten 14–31), denn in den Pflegenansprüchen unterscheiden sie sich ganz wesentlich. So lassen sich etwa Apfelbäumchen natürlich in einem Wintergarten oder verglasten Balkonanbau halten. Sie brauchen das ganze Jahr einen Platz im Freien oder im Winter einen Unterstand, zum Beispiel in einem unbeheizten Kleinglashaus. Das gilt auch für Birnbäumchen, Steinobstarten, Beerenobst und andere sommergrüne Arten. Hinsichtlich der Lage sind sie aber genügsam. Der Standort kann im Osten, Süden oder Westen sein. Nur die Nordseite ist weniger günstig, da es zur Fruchtreife der Sonne bedarf. Zu beachten sind auch besondere Umstände, die jedem Standort zu eigen sind. So ist ein Balkon im Regenschatten eines überstehenden Hausdaches zur Bepflanzung zwar genauso geeignet wie ein freier Balkon. Die Topfobstgewächse sind hier jedoch völlig auf eine regelmäßige Wasserversorgung angewiesen, weil sie keine natürlichen Niederschläge abbekommen. Vergessen Sie hinsichtlich der Standortwahl auch nicht, daß sich der Sonnenstand rund ums Jahr ganz gewaltig verändert. Ein im Frühjahr oder Herbst schattiger Ost- oder Westbalkon kann im Sommer durchaus genügend Sonne bieten.

Klima

Das Klima wirkt sich ganzjährig auf das Topfobst aus. Und das Wetter ist von Jahr zu Jahr verschieden. So bleibt beispielsweise eine Weinrebe im Kübel bei mildem Winter viele Jahre gesund und wüchsig und fruchtet »nebenbei« reichlich. Ein ungünstiger Winter mit anhaltend strengem Frost kann jedoch das schnelle Ende für die Pflanze bedeuten. Besonders dann, wenn nach einer Reihe von milden Wintern die Risikobereitschaft steigt und man der Pflanze keinen ausreichenden Frostschutz mehr bietet, sind Ausfälle vorprogrammiert. Gewiß wird Ihnen besonders in der Anfangszeit ein »Lehrgeld« nicht erspart bleiben. Vor Kulturfehlern sind auch Profigärtner nicht sicher. Dennoch lassen sich unnötige Ausfälle durch eine gezielte Pflanzenauswahl und passende Bedingungen vermeiden. Hier sei angemerkt, daß nördlich der Alpen natürlich ganz andere Klimaverhältnisse herrschen als etwa am Mittelmeer. Dort gedeihen Zitruspflanzen, Wollmispeln, Feigen und andere Obstarten ganzjährig auch in Kübeln im Freien. Bei uns lassen sich für diese mediterranen Pflanzen nur annähernd günstige Bedingungen schaffen. Ganz entscheidend machen sich unterschiedliche Kleinklimazonen bemerkbar. So bietet zum Beispiel ein Innenhof in einer geschützten Großstadtlage wesentlich bessere Chancen als ein zugiger Balkon auf dem Land. Manchmal sind es wenige Minusgrade, die zwischen Gedeih und Verderb entscheiden.

Winterschutz

Nach diesen Hinweisen auf die Möglichkeiten des Mißerfolgs wenden wir uns nun aber den schönen Seiten zu. Immerhin machen Obstpflanzen in Gefäßen mindestens eine Sommersaison Freude. Wenn sie im Extremfall im Herbst verschwinden, haben sie im Frühjahr und Sommer mit Blüten, Blättern und Früchten zur Gestaltung des Balkons oder der Terrasse beigetragen. Für einjährige Sommerblumen oder Gemüsearten kommt im Herbst ohnehin das unvermeidbare Ende. Die Kosten der Anschaffung und die Pflegeansprüche unterscheiden sich zwischen beiden Kulturformen kaum. Wenn aber für empfindliche Obstarten, wie Zitrusgewächse, Feigenbäume und Wollmispeln, ein geeignetes Winterquartier im Haus zur Verfügung steht und die robusteren, wie Apfelbäumchen und Weinreben, einen geschützten Standort im Freien bekommen, bedeutet der Herbst noch lange nicht das Ende der Obstkultur in Töpfen.

Vielmehr beginnt dann nur die nötige Ruhezeit für die Pflanzen.

Lichtverhältnisse

Während der Saison, die bei sommergrünen Arten vom Austrieb im April bis zum Laubfall im Oktober dauert, brauchen Topfobstpflanzen möglichst viel Licht. Ein vollsonniger Platz, etwa auf einem Südbalkon, ist jedoch nicht unbedingt nötig und für manche Pflanzen sogar ungünstig. Ein heller Stand auf einer Ost- oder Westseite ist ausreichend, jedenfalls für die meisten Arten. Weniger günstig ist ein Platz im Schatten hoher Bäume oder auf einem Nordbalkon. Natürlich wird die Pflanzenauswahl von den vorhandenen Bedingungen bestimmt und nicht umgekehrt. Denn ein Balkon läßt sich kaum den Pflanzen anpassen. Vielmehr müssen diese den gegebenen Flächen entsprechen. Allerdings lassen sich durch eine Schattierung oder das Freischneiden störender Pflanzen durchaus geeignete Lichtverhältnisse schaffen. Denken Sie daran, daß sich der Sonnenstand im Jahresverlauf ganz wesentlich ändert. So kann ein südseitiger Balkon im Frühjahr durchaus vollsonnig sein, zumal die Sonne noch tief steht. Im Sommer, wenn die Sonne steil aufsteigt, liegt der Balkon

Weinreben lassen sich beliebig formen und lenken.

heimfahrer« müssen ein zuverlässiges »Pflegepersonal« organisieren (zum Beispiel Nachbarn oder Mitbewohner). Gute Dienste leisten auch Bewässerungssysteme, die speziell für Balkon- und Kübelpflanzen entwickelt wurden und nach einer Probezeit recht gut funktionieren. Bei längerer Abwesenheit, etwa während einer Urlaubsreise, sind jedoch Kontrollen unumgänglich. Die Wasserversorgung kann ausfallen oder ein Gewitter Windwurfschäden zur Folge haben. Auch dann muß der Zugang zu Balkon oder Terrasse gewährleistet sein.

Hier sei darauf hingewiesen, daß große Pflanzgefäße die Versorgung und Pflege wesentlich erleichtern. Während kleine Kübel besonders in der Wachstumszeit im Sommer täglich Wasser brauchen, überstehen Obstpflanzen in geräumigen Trögen auch längere »Durststrecken«. Ein großes Erdvolumen kann natürlich mehr Wasser speichern als ein kleiner Topfballen. Ein Dachgarten kommt bei günstigem Wetter sogar ohne Wasserversorgung aus. Auch in den Balkon eingebaute Pflanztröge können mehrere Tage unbeaufsichtigt bleiben. Völlig ohne Versorgung kommen Kletterpflanzen oder auch Spalierbäume aus, die vom Gartenboden nach oben gelenkt wurden.

vielleicht im Schlagschatten eines darüberliegenden anderen Balkons. Auch deshalb ist es ratsam, zunächst mit einigen wenigen Pflanzen zu beginnen und nach einer gewissen Zeit der Beobachtung und Übung den Bestand mit passenden Arten zu erweitern. Wer natürlich die Licht- und Standortverhältnisse auf seinem Freisitz genau kennt und schon genügend Er-

fahrung mit der Kultur von Kübelpflanzen hat, muß sich selbstverständlich nicht einschränken.

Zugang

Zur täglichen Pflege und Versorgung sollten die Pflanzen ungehindert und jederzeit gut zugängig sein. »Wochenend-

Kauf

Dank der »Containerware« (bereits in Kübeln vorkultivierte Pflanzen) ist der Kauf von Obstgehölzen fast das ganze Jahr möglich. Nur im Winter ruhen auch diese Containerpflanzen unter einer Schutzdecke aus Rindenhumus. Von Frühjahr bis zum Herbst jedoch können Sie in einem gut sortierten Gartencenter aus dem Vollen schöpfen. Es gibt alle möglichen Obstarten in vielen verschiedenen Sorten. Wählen Sie aber nur solche Arten, die sich auch langfristig in Gefäßen kultivieren lassen. Walnußbäume etwa, die ebenfalls in Kübeln angeboten werden, eignen sich auf Dauer nur für große Dachterrassen; und auch nur dann, wenn sie genügend Wurzelraum bekommen. In einem engen Pflanzgefäß verkümmern diese prächtigen Bäume früher oder später. Natürlich können Sie einen solchen Baum immer noch auspflanzen, sobald er sein Gefäß völlig durchwurzelt hat. Er faßt im Garten bald Fuß und erholt sich wieder. Das ist aber nicht der Sinn der Sache. Denn die ausgewählten Obstgehölze sollten schon einige Jahre auf Balkon oder Terrasse grünen, blühen und fruchten. Es wäre schade, wenn sie beim ersten Fruchtansatz wieder verschwinden müßten, weil sie zu groß geworden sind. Deshalb kommen nur wirklich schwachwachsende Gehölze in Frage. Lassen Sie

sich also bei der Auswahl und beim Kauf vom Fachpersonal vor Ort gut beraten. Am besten sind Sie selbstverständlich in einer Baumschule bedient, die für eine gute Qualität garantiert. Beachten Sie vor allem auch die Etiketten der Pflanzen. Gute Baumschulware ist deutlich ausgezeichnet. Neben der Sorte (zum Beispiel Apfel 'James Grieve') ist auch die Unterlage (zum Beispiel Typ M 9) verzeichnet, und die ist besonders wichtig.

Beim Kauf über den Versandhandel bleiben einem Enttäuschungen manchmal nicht erspart. Die gelieferten Jungpflanzen haben oft keine Ähnlichkeit mit den abgebildeten Schmuckstücken in den Katalogen. Im großen und ganzen sind aber die Pflanzen durchaus brauchbar. Sie erholen sich nach dem Auspacken und Eintopfen rasch und entwickeln sich nach einer Anwachszeit zu kräftigen Exemplaren. Duo-Obstbäumchen (mit zwei Sorten auf einer Pflanze) oder Raritäten, wie Pepinos (Birnenmelonen) und Neuzüchtungen wie kleinbleibende Süßkirschen sind oft nur über den Versandhandel zu bekommen.

Nur schwachwachsende Sorten

Die Veredelungs-Unterlage dient sozusagen als Wurzelstock für die gewünschte Sorte. Es

kann eine schwachwachsende Züchtung sein oder auch ein starkwachsender Sämling. Darauf haben die Gärtner Triebe oder Knospen bestimmter Sorten gepfropft oder okuliert. Die Veredelungsstelle ist ganz deutlich an einer Verdickung erkennbar. Natürlich wirkt sich die Unterlage ganz wesentlich auf den Wuchs des Baumes aus. Eine Veredelung auf Sämlingsunterlage wächst bedeutend stärker als eine Veredelung auf einer gezüchteten Unterlage. Für die Topfkultur kommen daher nur schwachwachsende Veredelungen in Frage, die eindeutig gekennzeichnet sind. Beim Apfel sind es sogenannte »Ballerinas« oder Spindelbuschbäumchen, bei der Birne die Veredelungen auf Quittenunterlage. Auch bei Süßkirschen gibt es seit einiger Zeit schwachwachsende Züchtungen, die sehr kleine Bäumchen bilden. Von Natur aus recht klein bleiben Sauerkirschbäumchen, Pfirsichbäumchen, Quitten, Mispeln und Beerenobstbüsche. Ideal geeignet für die Pflanzung und Pflege in Kübeln sind Feigen, Zitrusgewächse und Wollmispeln. Sie lassen sich nördlich der Alpen ohnehin nur in Töpfen kultivieren, da sie im Winter ein geschütztes Quartier brauchen. Gelegentlich sind in mitteleuropäischen Gärten Freilandfeigen zu finden. Sie stehen den Winter aber nur durch, wenn sie gut eingepackt werden.

Obstpflanzen kaufen

Pfirsichbäumchen brauchen einige Jahre, bis sie erstmals fruchten. Die Blüten sind selbstfruchtbar. Es genügt also ein Exemplar, um Früchte zu bekommen. Dennoch ist der Fruchtansatz und Ertrag sicherer und besserer, wenn mehrere Bäumchen verschiedener Sorten vorhanden sind. Dazu können auch Nektarinenbäumchen dienen. Wichtig ist es, die Blüten vor Spätfrost zu schützen.

Obstpflanzen im Porträt

Das Obstsortiment für die Kultur in Kübeln ist natürlich eingeschränkt, da nicht alle Gewächse in Pflanzgefäßen gedeihen, jedenfalls nicht langfristig. Doch es bleibt immer noch eine ganze Reihe Arten übrig, mit denen sich ein kleines Obstgärtlein auf Balkon oder Terrasse anlegen läßt. Im folgenden Porträtteil sind Herkunft, Botanik, Standortansprüche, Anzucht und Pflegewünsche ausgewählter Arten beschrieben. Neben heimischen Pflanzen, die ganzjährig draußen bleiben können, werden auch südländische Arten, wie Feigen, Zitruspflanzen oder Mandeln, vorgestellt. Natürlich besteht kein Anspruch auf Vollständigkeit. Gewiß lassen sich auch weitere Arten als Kübelpflanzen kultivieren. Allerdings wird die Auswahl entscheidend vom Angebot der Gartenmärkte bestimmt. Alle Arten setzen als Kübelpflanzen selbstverständlich weniger Früchte an als Freilandpflanzen. Erwarten Sie also keine reichen Ernten, sondern freuen Sie sich über einige durchaus gute und zierende Früchte.

Frisches Obst ist nicht nur eine Gaumenfreude, sondern auch Augenweide.

Apfel
Malus domestica

Heimat: Europa.
Botanik: Wichtige heimische Kernobstgehölze, die in keinem Garten fehlen sollten. Kleine bis große Bäume, die tiefgründigen Boden brauchen. Als Topfobst eignen sich nur schwachwachsende Züchtungen, wie etwa die »Ballerinas«, die kein Geäst entwickeln, sondern nur ein schwaches Stämmchen. Dieses bringt direkt Fruchtknospen oder kurzes Fruchtholz hervor. Außerdem können Spindelbuschbäumchen in Töpfen kultiviert werden. Das sind etwas stärkerwachsende Züchtungen, die auf ausgewählten Unterlagen (Wurzelstöcke) veredelt sind. Die Sortenvielfalt solcher Bäumchen ist wesentlich größer, als bei »Ballerinas«, zumal sich beliebige Sorten auf die schwachen Unterlagen setzen lassen. Der Fruchtschmuck sollte möglichst lange erhalten bleiben. Die Reifezeit ist je nach Sorte unterschiedlich.

Ein Apfelbuschbäumchen hat eine breite Verzweigung.

Sorten: Als Spindelbuschbäumchen sind viele bekannte Sorten zu bekommen. Ein Sortenmix mit etwa drei Bäumchen fördert den Fruchtbehang, zumal Apfelbäumchen selbst unfruchtbar und auf Blütenstaub anderer Sorten angewiesen sind. Zu empfehlen ist eine Kombination mit

Sorte 'Gravensteiner'

frühen und späten Sorten, z. B. 'Bolero', 'Walz', 'May-Pole'.
Standort: Sonnig bis halbschattig in möglichst geräumigen Gefäßen; im Winter geschützt im Freien.
Anzucht, Pflanzung: Die Anzucht bleibt normalerweise den Baumschulen überlassen. Für die Topfkultur kommen

nur Veredelungen in Frage, und zwar solche, die auf schwachwachsenden Unterlagen stehen. In Gartenmärkten gibt es verschiedene Sorten auch für Hausgärten. Diese sind schon in Töpfen vorgezogen (sogenannte Containerpflanzen) und können jederzeit auf den Balkon oder die Terrasse geholt werden. Obwohl die Bäumchen selbst in 10-Liter-Kübeln zurechtkommen, wenn sie gut gedüngt werden, ist die Kultur in größeren Gefäßen doch sicherer und ausdauernder. Pflanzung in Einheitserde so tief wie vorher. Die Veredelungsstelle muß über dem Boden sitzen!

Mein Tip: Achten Sie beim Kauf von Apfelbäumen in Containern nicht nur auf die Sorte (wie 'Jonathan', 'Golden Delicious' etc.), sondern vor allem auf die Veredelungsunterlage. Die Jungpflanzen sind in der Regel mit Etiketten ausgezeichnet. Aus der Beschreibung können Sic neben der Sorte und Angaben dazu (Reifezeit, Geschmack etc.) auch die Unterlage und dementsprechend die Wuchsstärke erkennen. Gutes Fachpersonal kann Ihnen Auskunft geben. Sorten auf schwachwachsenden Unterlagen blühen und fruchten im übrigen wesentlich früher als starkwachsende Bäume.

Pflege: Neben der Wasserversorgung und Düngung brauchen Apfelbäumchen in Töpfen den regelmäßigen Schnitt sowie von Zeit zu Zeit ein größeres Gefäß (wenn der Ballen völlig durchwurzelt ist). Der Schnitt beschränkt sich zunächst auf die Formgebung nach der Pflanzung, dann immer wieder auf das Auslichten störender und Lenken erhaltenswerter Zweige. Zudem ist es nötig, brauchbare Triebe zu stäben bzw. abzuspreizen.

Pflanzenschutz: Apfelbäumchen sind als heimische Gehölze recht robust und krankheitsresistent. Wenn die Versorgung stimmt, bleiben sie viele Jahre vital. Bei Mehltaubefall oder Blattlausepidemien sind Spritzungen mit biologischen

Sorte 'Ingol'

Mitteln wirksam. Ein Frostschutz ist nur bei strenger Kälte nötig. Auch im Winter darf der Ballen nie ganz austrocknen. Im Notfall kranke Pflanzenteile einfach ausschneiden. Das regt zur Entwicklung gesunder Triebe an. Fördern Sie auch die Ansiedlung von Nützlingen (z. B. Meisen).

Apfelblüte

Birne
Pyrus communis

Heimat: In gemäßigten Zonen verbreitet.
Botanik: Recht robustes Obstgehölz mit vielen Sorten; für Pflanzung in Kübeln nur schwachwachsende Veredelungen auf Quitten-Unterlage. Veredelungen auf Sämlingen sind zu starkwüchsig. Neben heimischen Birnen gibt es auch sogenannte Asienbirnen oder Nashis (*Pyrus pyrifolia*), die sich ebenso für die Topfkultur eignen. Sie unterscheiden sich durch runde Früchte. Ernte je nach Sorte ab August.
Sorten: 'Williams Christ', 'Frühe von Trevoux', 'Gute Luise' u. a.
Standort: Sonnig bis halbschattig, im Winter geschützt im Freien.
Anzucht, Pflanzung: Vermehrung nur durch Veredelung; Pflanzung vorzugsweise von Containerpflanzen, die schon an die Topfkultur gewöhnt sind, in möglichst große Kübel oder auf Dachterrassen.
Wichtig: Zur Befruchtung sind zwei oder drei Sorten empfeh-
lenswert, die sich gegenseitig bestäuben können; passende Sorten wählen!
Pflege: Erziehung eines symmetrischen Kronengerüsts in den ersten Jahren nach der Pflanzung gibt die gewünschte Kronenform vor. Später sind nur noch geringe Eingriffe wie etwa das Entfernen zu engstehender Trie-

Sorte 'Williams Christ'

be oder das Ausschneiden von vergreistem Holz nötig. Während der Wachstumszeit sind eine regelmäßige Wasserversorgung und Düngung wichtig. Im Winter brauchen die Bäumchen einen geschützten Stand oder luftigen Frostschutz. Wurzelballen dürfen nicht austrocknen. Im

Die Früchte entwickeln sich an vorjährigen Trieben.

Sorte 'Clapps'

Regenschatten auf dem Balkon auch im Winter feucht halten, aber nicht vernässen lassen.
Pflanzenschutz: Achten Sie beim Kauf auf gesunde Jungpflanzen. (kräftige glatte Zweige). Bei Anzeichen von Birnengitterrost (rostbraune Flecken) befallene Blätter entfernen und vernichten.

Quitten sind frosthart.

Haselnüsse reifen im September.

Quitte
Cydonia oblonga

Heimat: Kleinasien, Orient.
Botanik: Robuster und pflegeleichter, kleiner Baum oder Strauch. Kernobst mit apfel- oder birnenförmigen, harten Früchten. Selbstfruchtbar, ein Exemplar genügt. Ernte im Herbst, wenn die Schale den feinen Flaum verliert und glänzend glatt wird. Frost schadet den Früchten nicht. Früchte nur gekocht eßbar.
Sorten: Verschiedene Apfel- und Birnenquitten, je nach Angebot wie 'Konstantinopeler', 'Vranja' u. a.
Standort: Sonnig bis halbschattig; im Winter geschützt im Freien.
Anzucht, Pflanzung: Vermehrung durch Steckhölzer möglich. Veredelte Jungpflanzen in Töpfen bringen schneller kräftige Exemplare. Pflanzung in geräumige Gefäße mit 50 Liter Inhalt oder größer.
Pflege: Braucht keinen besonderen Schnitt; läßt sich aber streng als Spalier erziehen.

Haselnuß
Corylus avellana

Heimat: Europa.
Botanik: Robuster Strauch mit besonderer Frosthärte. Windblütler. Selbstfruchtbar, aber mehrere Sorten begünstigen die Befruchtung. Die Nüsse reifen ab September.
Sorten: Züchtungen bleiben kompakter als Wildhaseln, diese sind allerdings besser für die Topfkultur geeignet. Neben grünen Sorten gibt es auch rotlaubige, zum Beispiel die 'Rote Lambertnuß'.
Standort: Sonnig bis schattig; auch auf Nordbalkons.
Anzucht, Pflanzung: Vermehrung durch Steckhölzer oder Absenker; Jungpflanzen in Töpfen haben einen Wachstumsvorsprung. Pflanzung in geräumige Gefäße mit 50 Liter Inhalt oder mehr.
Pflege: Neben regelmäßiger Wasser- und Nährstoffversorgung ist keine besondere Pflege nötig. Erziehung auch als Stämmchen möglich. Dazu müssen störende Triebe entfernt werden.

Pfirsich
Prunus persica

Heimat: Ursprünglich China.
Botanik: Kleines Steinobstgewächs mit schwachem Geäst; frühe Blüte, wegen geringer Frosthärte nur für geschützte Plätze geeignet. Vorwiegend selbstfruchtbare Sorten. Ernte sobald sich die Früchte weich anfühlen.
Sorten: Das Angebot der örtlichen Gartenmärkte bevorzugen; auch Nektarinen.
Standort: Sonnig, auf geschütztem Platz. Im Winter in einem frostfreien, aber kühlen Raum.
Anzucht, Pflanzung: Aussaat ist möglich, aber langwierig. Veredelte Jungpflanzen bestimmter Sorten und Pflanzung in geräumige Kübel mit Einheitssubstrat bringt früher Früchte.
Pflege: Der Schnitt fördert eine kräftige Verzweigung. Besonders Winterschutz oder Einquartierung nicht vernachläßigen.
Pflanzenschutz: Recht empfindliches Gehölz; bei Kräuselkrankheit sofort befallene Triebe ausschneiden. Notfalls regt ein kräftiger Rückschnitt zur Entwicklung neuer Triebe an.

Aprikose
Prunus armeniaca

Heimat: Mittelasien bis Nordchina.
Botanik: Kleiner Baum mit sparrigem Geäst. Robustes Steinobstgewächs mit frosthartem Holz, aber früher Blüte. Vorwiegend selbstfruchtbare Sorten. Ernte im Sommer, wenn die Früchte ihre typische Farbe bekommen und sich weich anfühlen.
Sorten: 'Nancyaprikose', 'Ungarische Beste' u. a.
Standort: Sonnig, auf geschütztem Platz. Im Winter gut eingepackt oder in kühlem Quartier.
Anzucht, Pflanzung: Für die Kübelkultur kommen nur Veredelungen in Frage; Jungpflanzen in Containern brauchen ein möglichst geräumiges Gefäß mit lockerem Substrat.
Pflege: Schnitt (Erziehung von Spalierformen), regelmäßige

Reiche Ernten gibt es nur bei optimalem Wetter.

Wasser- und Nährstoffversorgung, Winterschutz; evtl. Frostschutz zur Blütezeit.
Pflanzenschutz: Bei der Pilzkrankheit *Monilia* kranke Triebe sofort ausschneiden. Die Wundbehandlung mit "künstlicher Rinde" bewahrt vor Pilzinfektionen. Zuvor alle Schadstellen entfernen.

Reife Aprikosen

Pfirsich, Aprikose, Pflaume, Sauerkirsche

Hauszwetschge

Schattenmorellen

Pflaume
Prunus domestica

Heimat: Kaukasus.
Botanik: Unter der Bezeichnung Pflaume sind neben den runden Pflaumen auch Zwetschgen, Mirabellen und Renekloden zusammengefaßt. Die Steinobstgewächse haben sich als robuste und vitale Gartengehölze bewährt; sie kommen auch für die Kultur in Kübeln in Frage. Ernte ab August.
Sorten: Etliche gute Sorten, bevorzugt selbstfruchtbare, robuste wie die 'Hauszwetschge'.
Standort: Sonnig bis halbschattig.
Anzucht, Pflanzung: Sämlinge oder Wurzelausläufer bringen recht gute Früchte hervor; bestimmte Sorten werden veredelt. Pflanzung in geräumige Gefäße mit lockerem Substrat.
Pflege: Nach der Erziehung brauchen Pflaumenbäumchen nur gelegentlich einen Auslichtungsschnitt sowie eine reichliche Wasser- und Nährstoffversorgung.

Sauerkirsche
Prunus mahaleb

Heimat: Europa bis Kaukasus.
Botanik: Kleines Steinobstgewächs mit vielen selbstfruchtbaren und selbstunfruchtbaren Sorten. Frosthart, aber anfällig für Pilzkrankheiten. Ernte, wenn die Früchte schwarzrot sind.
Sorten: Vorzugsweise robuste Sorten wie 'Morellenfeuer' wählen. Gelegentlich sind auch Bäumchen mit zwei aufveredelten Sorten zu bekommen.
Standort: Sonnig bis halbschattig, im Winter geschützt im Freien.
Anzucht, Pflanzung: Für Kübelkultur nur Veredelungen auf schwachwachsenden Weichsel-Unterlagen. Keine Veredelungen auf Vogelkirsche in Kübel pflanzen, da zu starkwüchsig. Pflanzung in nachhaltig lockeren Boden in geräumige Gefäße.
Pflege: Strenge Erziehung ist nicht nötig; wichtig ist das Ausschneiden von dürren Trieben. Auch Sommerschnitt möglich.

Gelbe Triumphbeere

Rote Johannisbeere

Stachelbeere
Ribes uva-crispa

Heimat: Europa.
Botanik: Kleiner Strauch mit selbstfruchtbaren Blüten und bewehrten Trieben. Viele Sorten auch als Stämmchen. Ernte ab Juli.
Sorten: Sorten mit R (z. B. 'Risulva', 'Remarka') sind resistent gegen Mehltau. Neben grünen auch rote Sorten, Sortenmix fördert die Erträge.
Standort: Sonnig bis halbschattig; im Winter geschützt im Freien.

Anzucht, Pflanzung: Vermehrung recht einfach durch Stecklinge von gesunden Mutterpflanzen. Stämmchen werden veredelt. Pflanzung von Containerware bringt früher fruchtende Sträucher oder Bäumchen.
Pflege: Regelmäßiger Auslichtungsschnitt fördert die Entwicklung gesunder junger Triebe und hält das Geäst luftig.
Pflanzenschutz: Wählen Sie nur mehltauresistente Sorten, bei Befall helfen Spritzungen wenig.

Johannisbeere
*Ribes rubrum,
R. nigrum*

Heimat: Europa.
Botanik: Kleine, robuste Sträucher mit selbstfruchtbaren Blüten. Stämmchen werden auf Goldjohannisbeere (*R. aureum*) veredelt. Ideale Kübelpflanze. Ernte ab Juli.
Standort: Sonnig bis halbschattig**.**
Sorten: Viele rote und schwarze Züchtungen sowie 'Jostabeere' (Kreuzung zwischen Stachel- und Johannisbeere).

Anzucht, Pflanzung: Vermehrung einfach aus Sommerstecklingen oder Wintersteckholz von guten Gartenpflanzen. Stämmchen lassen sich durch Pfropfen gewinnen. Bei Pflanzung kräftiger Containerware sind früher ertragsfähige Büsche zu bekommen.
Pflege: Auslichtungsschnitt im Winter fördert die Verjüngung und Gesunderhaltung. Bei Stämmchen Wildtriebe beseitigen.
Pflanzenschutz: Auswahl gesunder Jungpflanzen.

Stachelbeere, Johannisbeere, Himbeere, Brombeere

Großfrüchtige Himbeer-Sorte

Brombeeren reifen an jungen Trieben.

Himbeere
Rubus idaeus

Heimat: Europa.
Botanik: Halbstrauch-artiges Gewächs, das sich durch Wurzelaus-läufer stark ausbreitet. Triebe sterben nach der Fruchtreife ab, neue Triebe aus dem Wurzel-werk. Ernte ab August.
Sorten: Einmaltragen-de und öftertragende. Sortenkombination fördert die Befruchtung und verlängert die Erntezeit.
Standort: Sonnig bis halbschattig, im Winter im Freien.

Anzucht, Pflanzung: Vermehrung einfach durch Wurzelausläufer; Pflanzung in lockeren Boden in geräumige Gefäße.
Pflege: Erziehung am Spalier oder Stütz-gerüst; regelmäßiger Rückschnitt der alten Triebe, Ausdünnen zu vieler junger Triebe. Mulchen mit Rinden-humus hält den Boden feucht und schützt das flache Wurzelwerk.
Pflanzenschutz: Aus-schneiden dürrer Trie-be verhindert die Aus-breitung von Pilz-krankheiten.

Brombeere
Rubus fruticosus

Heimat: Europa.
Botanik: Vitaler Halb-strauch mit sommer- und immergrünen Unterarten. Sommer-blüher mit bewehrten Trieben. Als Spreiz-klimmer einsetzbar. Ernte ab August.
Sorten: Neben altbe-währten Sorten neue Züchtungen, auch dor-nenlose.
Anzucht, Pflanzung: Vermehrung mittels Ausläufertrieben ein-fach; gute Sorten besor-gen, auch dornenlose.

Am besten während der Fruchreife testen und dann auswählen. Pflanzung in geräumige Gefäße mit lockerem, humosem Substrat.
Pflege: Regelmäßiges Auslichten fördert die Verjüngung; Schnitt nach der Ernte. Triebe im Winter mit luftigem Material einpacken. Boden mulchen. Im-mergrüne Sorten auch im Winter ausreichend mit Wasser versorgen. Frostschutz nicht ver-nachlässigen.
Pflanzenschutz: Stetiges Ausschneiden dürrer Triebe.

Weinrebe
Vitis vinifera

Heimat: Europa.
Botanik: Starkwüchsige Kletterpflanze mit Ranken; wild auf Bäume kletternd; uralte Kulturpflanze mit selbstfruchtbaren Blüten im Juni und Früchten im Spätsommer.
Sorten: Viele blaue und weiße Züchtungen.
Standort: Sonnig bis halbschattig. Im Winter geschützt im Freien.
Anzucht, Pflanzung: Vermehrung durch Steckhölzer im Winter; Topfpflanzen blühen und fruchten oft schon im Jahr der Pflanzung. Mehrjährige Kultur nur in geräumigen Kübeln mit lockerem Substrat möglich. Pflanzung auch in den Gartenboden und Lenkung der Triebe nach oben zum Balkon.
Pflege: Schnitt zur Erziehung und später Rückschnitt der Fruchttriebe. Auch Freischneiden der Trauben im Sommer. Stäben und Heften der Reben.
Pflanzenschutz: Resistente Sorten ersparen Behandlung gegen Krankheiten; mehltaufreie Sorten pflanzen.

Blaue Weintraube

Kiwi
Actinidia chinensis

Heimat: China.
Botanik: Gehölzartige Kletterpflanze mit schlingenden Trieben.
Sorten: Mehrere Sorten; kleinfrüchtige 'Weiki' ist einhäusig (weibliche und männliche Pflanzen setzen).
Standort: Sonnig bis

Kiwis

halbschattig; im Winter guter Frostschutz.
Anzucht, Pflanzung: Veredelte Jungpflanzen mit weiblichen und männlichen Blüten besorgen. Pflanzung auch in den Gartenboden und Lenkung nach oben zum Balkon möglich.
Pflege: Schnitt zur Erziehung; bildet ohne Schnitt üppige Büsche.

Eberesche
Sorbus aucuparia

Heimat: Europa.
Botanik: Recht robuster kleiner Baum mit schönen, aber unangenehm riechenden Blütendolden und leuchtend roten Beeren (Vogelbeeren). Selbstfruchtbares Gehölz. Ein Exemplar genügt. Gruppenpflanzung fördert aber die Befruchtung. Für Topfkultur eignen sich Züchtungen, wie *S. aucuparia* 'Moravica' besser, weil bitterstofffreie Früchte. Als Hochstämmchen für große Kübel und zur Unterpflanzung etwa mit Erdbeeren oder anderen niedrigen Gewächsen. Früchte bleiben recht lange am Baum, Ernte ab Juli.
Warnung: Die Früchte sind erst gekocht genießbar, roh bitter.
Sorten: 'Moravica', 'Rosina'.
Standort: Sonnig bis halbschattig, im Winter geschützt im Freien.
Anzucht, Pflanzung: Vorzugsweise veredelte Sorten pflanzen; bereits vorkultivierte Bäumchen in Töpfen besorgen. Pflanzung in große Gefäße mit tiefgründigem Substrat.
Pflege: Reichlich bewässern, Mulchen hält Bodenfeuchtigkeit.
Pflanzenschutz: Ausschneiden welker Triebe verhindert Ausbreitung von »Feuerbrand«.

Schlehe
Prunus spinosa

Heimat: Europa.
Botanik: Wuchernder Steinobststrauch mit bewehrten Trieben; üppige weiße Blüte im Frühjahr; dunkelblaue Früchte im Herbst. Außer zur Blütezeit und Fruchtreife wenig attraktives Gehölz. Kann aber als Sichtschutz etwa zwischen Dachterrassen dienen. Bildet in Gefäßen 1 m hohe Büsche. Früchte schmecken erst nach Frost, wenn die Bitterstoffe abgebaut sind.
Sorten: Großfrüchtige Züchtungen wählen.
Standort: Sonnig bis halbschattig; im Winter im Freien.
Anzucht, Pflanzung: Aussaat ist langwierig; Kauf von Containerpflanzen und Einsatz in

Wilde Vogelbeeren

Gefäße mit lockerem Substrat.
Pflege: Erziehung auch als Stämmchen möglich; sonst Kleinstrauch.
Pflanzenschutz: Wurzelwerk vor strengem Frost bewahren. Obwohl im Freiland völlig winterhart, sind Schlehen in Töpfen frostgefährdet. Sonst recht robust.

Schlehen reifen spät.

Holunder
Sambucus nigra

Heimat: Europa.
Botanik: Robuster Großstrauch mit duftenden Doldenblüten im Frühjahr und schwarzen Beeren im Spätsommer.
Warnung: Früchte keinesfalls roh essen!
Sorten: 'Haschberg'.
Standort: Sonnig bis schattig; im Winter geschützt im Freien.
Anzucht, Pflanzung: Durch Steckhölzer im Winter; Pflanzung von vorkultivierten Jungpflanzen in große Kübel mit lockerem Substrat.
Pflege: Schnitt fördert Verjüngung; Erziehung als Bäumchen möglich.
Pflanzenschutz: Mit Blattläusen befallene Triebe ausschneiden.

Anzucht, Pflanzung: Aussaat langwierig; bei *Rosa rugosa* Vermehrung durch Ausläufer. Sonst Pflanzung von Containerware in Kübel mit durchläßigem Substrat.
Pflege: Verträgt kräftigen Rückschnitt zur Verjüngung.
Pflanzenschutz: Rückschnitt kranker Triebe.

Hagebutte

Schwarzer Holunder

Hagebutte
Rosa canina,
Rosa rugosa

Heimat: Europa, Asien.
Botanik: Robuste, wuchernde Sträucher mit bewehrten Trieben; zarte Blüten im Frühjahr und lang haltende Früchte im Herbst.
Standort: Sonnig, im Winter geschützt.

Blaubeere
Vaccinium corymbosum

Heimat: Nordamerika.
Botanik: Kleiner, robuster, selbstfruchtbarer Strauch mit Glokkenblüten im Frühjahr und großen Heidelbeeren im Sommer. Moorbeetpflanze, braucht saures Substrat.

Blaubeeren

Standort: Sonnig bis halbschattig; im Winter geschützt im Freien.
Anzucht, Pflanzung: Vermehrung durch Stecklinge möglich; Pflanzung in große Kübel mit spezieller Erde (Mischung aus Torf, Nadelstreu, Sand, Laubkompost).
Pflege: Gut wässern und düngen.

Erdbeere
Fragaria vesca

Heimat: Europa, Asien, Nordamerika.
Botanik: Mehrjährige Staude mit weißen Blüten und roten Früchten im Sommer. Ausläufertreibend. Vorzüglich als Balkonpflanze geeignet. Läßt sich auch gut mit Gemüse oder Sommerblumen kombinieren, zumal die Blätter recht dekorativ wirken.
Sorten: Viele großfrüchtige und kleinfrüchtige Monatserdbeeren.
Standort: Sonnig bis schattig; im Winter vor strengem Frost geschützt.
Anzucht, Pflanzung: Vermehrung guter Sorten einfach durch Abtrennen von Ausläufern (»Kindel«). Pflanzung in spezielle Gefäße oder auch als Unterpflanzung von Gehölzen möglich.
Pflege: Gute Humus- und Nährstoffversorgung. Im Frühjahr welkes Laub entfernen.
Pflanzenschutz: Kranke Pflanzenteile ausputzen; mulchen mit Stroh gegen Grauschimmel bei bodenständigen Pflanzen.

Erdbeeren fruchten im ersten Jahr bereits üppig.

Rhabarber
Rheum palmatum

Heimat: China.
Botanik: Ausdauernde Staude mit großen Blättern und kräftigem Blütenstand; zieht jedoch schon im Sommer ein (Blätter welken); Austrieb wieder im nächsten Frühjahr.
Sorten: Rotstielige

Reife Rhabarberstiele

oder grünstielige, je nach Angebot.
Standort: Sonnig bis schattig
Anzucht, Pflanzung: Vermehrung durch Teilung möglich; Pflanzung in große Kübel fördert Vitalität.
Pflege: Ausputzen welker Blätter; nicht zu stark abernten, damit Reserven bleiben.

Zitruspflanzen
Citrus sp.

Heimat: Ostasien.
Botanik: Alle Arten und Züchtungen sind immergrüne Gehölze mit ledrigen Blättern, duftenden, weißen Blüten und gelben oder orangen Früchten. Besonders geeignet sind Zitrone (*C. limon*), Mandarine (*C. deliciosa*) und Calamondin-Orange (*C. madurensis*).
Standort: Sonnig bis halbschattig; im Winter frostfrei im Haus, sowohl kühl, als auch warm, aber hell.
Anzucht, Pflanzung: Die Vermehrung ist durch Stecklinge möglich. Aussssat einfach, aber Sämlinge fruchten schlecht. Veredelung durch Okulation oder Pfropfen. Pflanzung in Kübel mit lehmiger, nährstoffreicher Erde mit guter Durchlüftung.
Pflanzenschutz: Vor allem frostfreier, heller Stand im Winter; Eisendünger gegen gelbe Blätter. Vorbeugend in kalkfreie Erde pflanzen (beim Umtopfen), sowie mit kalkfreiem Wasser gießen (z. B. Regenwasser).

Die Kumquat trägt kleine Früchte.

Kumquat
Fortunella japonica

Heimat: Ostasien.
Botanik: Urspüngliche *Citrus*-Art mit kleinen, orangen Früchten, die mit der Schale eßbar sind. Schwachwüchsiger als andere Zitruspflanzen. Verträgt Überwinterung in Wohnräumen.

Zitronen

Sorten: Neben der Art auch Kreuzungen mit anderen Zitruspflanzen (z. B. Limquat).
Standort: Hell bis vollsonnig; im Winter frostfrei und möglichst hell.
Anzucht, Pflanzung: Vermehrung durch Stecklinge möglich. Fruchtende Jungpflanzen sind häufig zu bekommen. Pflanzung in

kalkfreie, leicht saure Einheitserde.

Pflege: Ganzjährig feucht halten, aber nicht vernässen. Besonders im warmen Winterquartier häufig mit kalkfreiem Wasser besprühen (z. B. Regenwasser).

Pflanzenschutz: Gegen Chlorosen (gelbe Blätter) hilft Eisendünger. Häufiges Lüften verhindert Spinnmilbenbefall.

Feige
Ficus carica

Heimat: Mittelmeerraum.

Botanik: Sommergrüner Baum oder Busch mit enormer Vitalität. Kann sich nach radikalem Rückschnitt wieder verjüngen; geringe Frosthärte. Wildfeigen brauchen eine besondere Wespe zur Befruchtung. Sorten sind selbstfruchtbar. Feigen gehören zu den wertvollsten Kübelpflanzen. Sie können auch in Pflanzgefäßen uralt werden. Wenn sie gelegentlich größere Gefäße bekommen, werden sie recht stattlich. Sehr dekorativ sind

Sorten mit blauen Früchten.

Sorten: Grünfrüchtige und blaufrüchtige; Wildfeigen (Smyrnafeigen) fruchten allerdings nur im Mittelmeerraum!

Standort: Sonnig bis halbschattig; im Winter gut geschützt im Freien, besser in einem frostfreien, aber kühlen Raum.

Anzucht, Pflanzung: Vermehrung durch Steckhölzer im Winter einfach; Pflanzung in große Kübel mit lockerem Substrat und Lehmanteil.

Pflege: Schnitt zur Erziehung und Verjüngung; jedoch natürlicher, knorriger Wuchs erstrebenswert. Zur Erziehung eines Kronenbäumchens wird eine ausgewählte Jungpflanze mit geradem Mitteltrieb freigeschnitten. Der Trieb bekommt zunächst einen Stützstab, bis er verholzt und selbst stabil ist. Neue Seitentriebe und Austriebe aus dem Boden sind immer wieder zu entfernen. Sobald das Stämmchen die gewünschte Kronenhöhe erreicht hat, wird es

Feigensorten tragen regelmäßig.

abgeschnitten. Der Schnitt regt nun zur Verzweigung an. Aus den Knospen unterhalb der Schnittstelle bilden sich Triebe, die sich zu Seitenzweigen entwickeln. Möglichst langer Aufenthalt im Herbst im Freien. In jedem Fall muß ein frostfreies Winterquartier vorhanden sein.

Blaue Feige

Mandeln

Wollmispel

Mandel
Prunus dulcis,
P. amygdalus

Heimat: Asien, Mittelmeerraum.
Botanik: Kleines Steinobst mit zarten Kirschblüten im Spätwinter und harten Früchten mit pelziger Schale im Herbst, die oft den Winter hindurch am Baum bleiben. Nicht mit Ziermandel (*P. triloba*) zu verwechseln, die nicht fruchtet! Echte Mandelbäumchen sind selten als Kübelpflanzen zu bekommen.

Sorten: 'Dürkheimer Krachmandel', 'Perle der Weinstraße' u. a.
Standort: Sonnig, geschützt; im Winter frostfrei, in einem hellen, kühlen Quartier.
Anzucht, Pflanzung: Pflanzung von veredelten Jungpflanzen in Kübel mit lockerem Substrat; mehrere Sorten zur Befruchtung. Auch Pfirsiche können zur Befruchtung dienen.
Pflege: Außer Erziehungsschnitt keine besondere Pflege.
Pflanzenschutz: Bei früher Blüte Frostschutz vorbereiten.

Wollmispel
Eriobotrya japonica

Heimat: Ostasien.
Botanik: Immergrünes Gehölz mit großen, filzigen (wolligen) Blättern. Sehr gut geeignete Topfobstpflanze mit besonderem Zierwert. Bei guter Pflege und richtiger Überwinterung erreicht die Wollmispel ein hohes Alter und bildet dabei einen üppigen Busch mit dichtem Blattwerk. Blüht im Herbst und fruchtet im Winter.
Standort: Sonnig bis halbschattig; im Winter frostfrei im Haus, warm oder kühl, aber hell.
Sorten: Vorwiegend Wildform.
Anzucht, Pflanzung: Vermehrung durch Aussaat oder Stecklinge; Pflanzung in kleine oder große Kübel; üppige Entwicklung und Fruchtansatz nur in geräumigen Gefäßen.
Pflege: Außer Frostschutz keine besondere Pflege.
Pflanzenschutz: Robustes Gehölz, braucht keine besondere Behandlung.

Maracuja, Granadille
Passiflora edulis,
P. quadrangularis

Heimat: Südamerika.
Botanik: Immergrüne Klettergehölze mit selbstfruchtbaren Blüten und runden oder eiförmigen Früchten. Fruchtet nur bei optimalen Bedingungen. Die Kultur lohnt sich schon allein wegen der großen Blüten, die recht zuverlässig aufgehen und lange halten. Die Pflanzen eignen sich sehr gut als Sichtschutz beispielsweise zur Abschirmung gegen benachbarte Balkons. Dazu können auch als Zimmerpflanzen kultivierte Exemplare dienen, denen der Aufenthalt in der »Sommerfrische« gut bekommt.
Sorten: Verschiedene Wildarten.
Standort: Im Sommer vollsonnig, im Winter warm und hell im Haus.
Anzucht, Pflanzung: Vermehrung durch Aussaat von Fruchtkernen möglich; Pflanzung in Kübel mit lockerem Substrat.
Pflege: Erziehung am Spalier und Schnitt der meterlangen Triebe. Im Frühjahr ist ein kräftiger Rückschnitt auf Stummel mit wenigen Knospen möglich. Er regt zum Neuaustrieb an.
Pflanzenschutz: Außer Frostschutz keine besondere Behandlung.

Kaktusfeige
Opuntia ficus-indica

Heimat: Unbekannt, weltweit verbreitet in warmen, trockenen Regionen.
Botanik: Blattkaktus mit schönen Blüten im Sommer und saftigen Früchten im Herbst.
Warnung: Vorsicht feine Stacheln; Früchte mit Tuch anfassen und abreiben.
Sorten: Vorzugsweise *O. ficus-indica*, auch andere Opuntien entwickeln eßbare Früchte.
Standort: Im Sommer vollsonnig, im Winter frostgeschützt, aber kühl und hell im Haus.
Anzucht, Pflanzung: Jungpflanzen sind in Spezialbetrieben zu bekommen. Anzucht auch aus Samen möglich. Pflanzung in Kübel mit durchläßigem, sandigem Substrat.

Bestäubte Blüten können fruchten.

Pflege: Außer Frostschutz und guter Dränage (Wasserabzug) keine besondere Pflege. Brauchen eine kühle Ruhepause im Winter, sonst werden sie nicht zum Blühen angeregt. In dieser Zeit möglichst trocken halten.
Pflanzenschutz: Vor Dauerregen schützen.

Fruchtende Opuntie

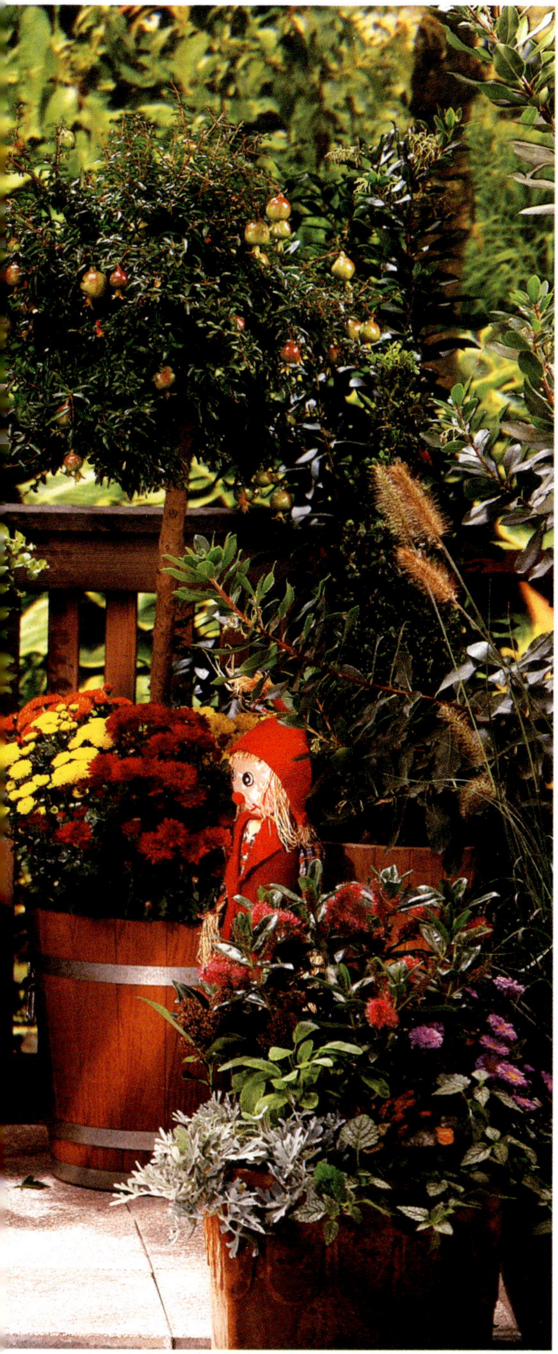

Gefäße und Pflanzideen

Mit Obst gestalten

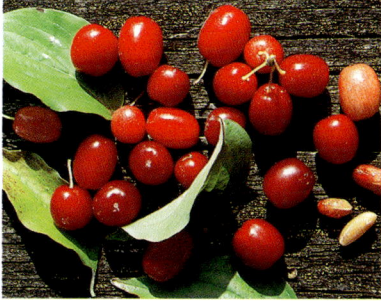

Obstgewächse sind nicht nur Nutzpflanzen, mit ihren Blüten und Früchten tragen sie auch zur abwechslungsreichen Gestaltung des Balkons oder der Terrasse bei. Im folgenden Kapitel erhalten Sie Ratschläge für passende Pflanzgefäße sowie Anregungen, wie Sie Ihre Obstpflanzen arrangieren und mit anderen Kübelpflanzen oder Sommerblumen kombinieren können.

Foto links: Auch mit der Kombination unterschiedlicher Wuchsformen – hier ein Apfelspalier und ein Granatapfelstämmchen – läßt sich ein Balkon gestalten.
Foto oben: Kornelkirschen reifen im Sommer.

Wuchsformen

Obstpflanzen unterscheiden sich von Natur aus im Wuchs. So entwickeln etwa Süßkirschen Hochstämme mit breiter Krone. Apfelbäume bilden bis zum Boden beastete Stammbüsche. Birnbäume bringen ebenfalls dicht verzweigte Stämme hervor. Pflaumenbäume, dazu zählen auch Zwetschgen, Mirabellen und Renekloden, zeichnen sich durch kompakte Kronen aus, die auf niedrigen Stämmchen sitzen. Pfirsichbäumchen neigen zu buschigem Wuchs. Sie haben kein kräftiges Astwerk. Aprikosenbüsche fallen dagegen durch ihren sparrigen Wuchs und ihr starkes Geäst auf. Beerenobst bleibt von Natur aus niedrig und buschig. Es läßt sich aber auch zu Stämmchen erziehen. Weinreben und Kiwis unterscheiden sich durch rankende oder schlingende Triebe vom übrigen Obst. Erdbeeren und Rhabarber gehören nicht zu den Gehölzen. Sie wachsen staudenartig und ziehen im Herbst ein.

Kronen- und Spalierbäumchen

Für hochstämmige Kronenbäume ist auf dem Balkon normalerweise kein Platz. Außerdem bilden die schwachwachsenden Züchtungen, die vorzugsweise als Topfobst dienen, ohnehin nur kleine Bäumchen. Es kommen also nur Buschbäumchen oder Niederstämme in Frage. Die Erziehung beginnt schon bei der Auswahl der Jungpflanzen. Die kleinen Apfel-, Birnen-, Quitten-, Kirsch- oder Pflaumenbäume sollten bereits ein gut angeordnetes Geäst haben, und zwar je nach gewünschter Kronenform. Wenn eine kleine Rundkrone entstehen soll, was der Natur der Bäumchen am nächsten kommt, muß die Jungpflanze einen senkrechten Mitteltrieb und drei oder vier Seitentriebe haben, die in verschiedene Richtungen weisen. Die Kronenhöhe wird bereits bei der Auswahl der Jungpflanzen festgelegt. Wenn die Seitentriebe beispielsweise in etwa 40–60 cm Höhe am Stamm sitzen, entwickelt sich in dieser Höhe die zukünftige Krone. Bei 80–100 cm Höhe bildet sich die Krone entsprechend höher am Stamm. Natürlich richtet sich die Auswahl nach der vorhandenen Ware. Wenn schöne, gesunde Jungpflanzen günstig angeboten werden, lohnt es sich, zuzugreifen. Gelegentlich gibt es bereits vom Gärtner vorgezogene Spalierbäumchen. Wenn der Preis stimmt, bieten sich solche Gehölze besonders für den Nutzgarten auf dem Balkon an.

Büsche

Als Büsche oder Sträucher dienen vorzugsweise Beerenobst-Arten, wie Johannisbeer- und Stachelbeerbüsche oder auch Wildobstgehölze, wie Zierquitten und Felsenbirnen, solche Pflanzen also, die von Natur aus Triebe aus dem Wurzelstock entwickeln. Auch davon gibt es fast das ganze Jahr Jungpflanzen im Container. Sie sind schon an die Kultur in Gefäßen gewöhnt und lassen sich jederzeit auf den Balkon oder die Terrasse holen, und zwar sogar zur Blüte- oder Reifezeit. Diese Containerpflanzen brauchen übrigens keinen Pflanzschnitt, zumal der Wurzelballen beim Umsetzen (in größere Gefäße) unbeschädigt bleibt. Das Wurzelwerk kann die Triebe ungehindert weiter versorgen. Containerpflanzen kosten etwas mehr als Pflanzen mit losem Wurzelwerk. Diese müssen allerdings einen kräftigen Pflanzschnitt bekommen, sonst wachsen sie schlecht an. Außerdem beschränkt sich die Pflanzzeit auf wenige Wochen im Frühjahr und im Herbst. Das gilt für alle Gehölz-Typen, also auch für Kronenbäumchen, Sträucher und Kletterpflanzen. Kübelpflanzen, wie Feigen, Zitronen oder Wollmispeln, bilden von Natur aus Kronenbäume. In Töpfen wachsen sie vorwiegend strauchförmig oder entwickeln nur kleine Stämmchen.

Apfelspalierbaum im Container

Balkon oder auch Schnurgerüste. Beachten Sie, daß alle Klettergehölze ein hohes Alter erreichen und der Kletterhilfe ein enormes Gewicht aufladen. Die Gerüste müssen deshalb entsprechend belastbar sein. Vor allem, wenn die Kletterpflanzen vom Boden aus nach oben zum Balkon geleitet werden, brauchen sie eine haltbare und dauerhafte Kletterhilfe.

Stauden

Bei den Stauden haben sich besonders Rhabarber und Erdbeere in der Topfkultur bewährt. Der Rhabarber zieht im Herbst ein und überdauert im Wurzelstock. Im Frühjahr bringt er wieder frische Blätter hervor. Erdbeeren sind dagegen recht lange grün und bleiben auch im Winter ansehnlich. Besonders zu empfehlen sind Klettererdbeeren. Diese Züchtungen entwickeln keine rankenden Triebe, sondern bilden reichlich Ausläufer (»Kindel«), die sich um die Mutterpflanze herum ausbreiten. Sehr üppig wirken solche Pflanzen in speziellen Töpfen, die mit seitlichen Pflanzlöchern versehen sind. Erdbeeren lassen sich auch in Ampeln einsetzen. Sie blühen und fruchten bereits im ersten Jahr üppig und bringen – nach einer geschützten Überwinterung – im Frühjahr frische Ausläufer hervor.

Kletterpflanzen

Zur Begrünung von Balkongeländern, Sichtschutzwänden oder Spalieren eignen sich durchaus auch Nutzpflanzen. Das können Weinreben, Kiwis oder Brombeerbüsche sein oder auch gemischte Pflanzungen dieser Arten. Sie unterscheiden sich im Wuchs und in der Art des Kletterns. So zählen Brombeerbüsche zu den Spreizklimmern. Sie spreizen sich mit bewehrten Trieben in der Kletterhilfe ein und passen deshalb gut an Holzspaliere. Weinreben hangeln sich als typische Ranker mit speziellen Trieben vorzugsweise an Maschendraht oder ähnlichen Hilfen hoch. Kiwis umschlingen das Klettergerüst. Ihr Revier sind beispielsweise Geländer am

Pflanzgefäße

Damit Topfobst gut gedeihen kann, müssen die Pflanzgefäße richtig bemessen sein. Außer der Größe ist auf das Material zu achten (Frostbeständigkeit, Verrottungsfestigkeit, Stabilität, geringes Gewicht).
Es gibt Gefäße aus Ton, Beton, Faserzement, Gips, Naturstein, Holz, Metall und Kunststoff. Altbewährt und sehr schön sind Ton- oder Terracottagefäße, die bei sehr hoher Hitze gebrannt und dadurch frostfest werden; ihre Nachteile: Sie sind schwer und zerbrechlich. Außerdem verdunstet durch die poröse Wandung wertvolles Wasser, es sei denn, die Gefäße wurden innen glasiert.
Ein »Tonersatz« ist Faserzement (Eternit). Dieser Stoff aus Zement mit faserigen Mineralien ist völlig wetterfest sowie unverrottbar und deshalb gut für Pflanzgefäße geeignet. Auch diese Tröge sind jedoch schwer und zerbrechlich.
Wichtig: Es sind nur Produkte zu empfehlen, die garantiert keinen Asbest enthalten! Pflanzgefäße aus Gips haben ähnliche Eigenschaften, ihre weiße Wandung wirkt aber edler.
Tröge aus reinem Beton oder Mischbeton sind wie Natursteintröge äußerst robust und wetterfest, aber sehr schwer und nur für Standplätze auf der Terrasse geeignet.

Holzkübel und -kästen haben wie Tongefäße einen dekorativen Wert, vor allem, wenn sie aus edlen Hölzern geschaffen wurden. Mittels passender Beschläge lassen sie sich recht gut transportieren. Allerdings ist selbst imprägniertes Holz nicht völlig verrottungsfest. Holzgefäße müssen nach einigen Jahren ersetzt werden, wenn sie morsch sind.
Mein Tip: Mit etwas handwerklichem Geschick können Sie auch Holztröge aus massiven Bohlen, die entsprechend zugeschnitten und zusammengeschraubt werden, selbst bauen. Pflanzgefäße aus Kunststoff haben den größten Marktanteil, weil sie leicht, verrottungsfest, frostsicher und robust sind. Neben den handelsüblichen einfachen Kübeln und Kästen gibt es hier auch recht dekorative Produkte, die den Ton- oder Holzgefäßen durchaus ebenbürtig sind.

Substrate

Sie können Ihren Obstpflanzen genau das optimale Erdsubstrat zusammenmischen, das ihnen am besten bekommt. Keine Chance haben Topfpflanzen in gewöhnlicher Gartenerde. Sogenannter Mutterboden oder Humus ist im Freiland ideal, weil er ständig von den Bodenlebewesen durchmischt und gelockert wird, im Topf sackt er

aber bald zusammen und wird knochenhart. Der Hauptbestandteil der handelsüblichen Pflanzsubstrate (»Blumenerden«) ist Torf. Torf ist – anders als Gartenerde – beständig locker, und das kommt natürlich der Durchlüftung, der Wasserführung, dem Speichervermögen und damit dem Wurzelwachstum der Pflanze sehr zugute. Sogenannte Einheitserde bekommt fast allen Pflanzenarten.

Torffreies Einheits-Substrat

Auch ohne Torf (der Torfabbau schadet der Natur!) läßt sich ein Einheits-Substrat mischen, das sich für die meisten Pflanzen eignet. Im Handel sind dafür nötige Zusatzstoffe erhältlich (zum Beispiel *Perlite* oder *Liapor*), die ähnlich wie Blähton aus Gesteinsmaterial bestehen, das bei hohen Temperaturen aufgebläht und dann gebrochen wird. Sie sind beständig und begünstigen langfristig die Durchlüftung und Lockerung des Substrats.
Mein Tip: Große Gebinde aus dem Baustoffhandel sind wesentlich billiger als kleine Packungen ähnlicher Produkte aus dem Gartenmarkt.
Für ein Einheitssubstrat, das den meisten Obstpflanzen bekommt, wird nun ein Teil eines solchen Zusatzstoffes mit einem

Gefäße und Substrate

Aus Ton gebrannte Töpfe sind Schmuckstücke.

Teil reifem Gartenkompost und einem Teil lehmiger Gartenerde vermischt. Der Kompost und die lehmige Gartenerde dienen zur Nährstoffversorgung. Die mineralischen Zusatzstoffe fördern das Speichervermögen und die Durchlüftung. Je nach Pflanzenart läßt sich dieses Substrat beliebig verändern. Bei Zitrus- oder Feigenbäumchen gibt man etwas mehr Lehmerde dazu.

Apfelbäume bekommen einen größeren Kompostanteil, Heidelbeeren erhalten ein spezielles Moorbeetsubstrat.

Moorbeetsubstrat

Kalkfreie beziehungsweise saure Substrate für Moorbeetpflanzen (zum Beispiel Heidelbeeren) bestehen vorwiegend aus

Torf, zumal dieses faserige Naturprodukt einen niedrigen pH-Wert hat. Diese Erde läßt sich für spezielle Pflanzen auch selbst mischen, wobei auf Torf verzichtet werden kann. Das gelingt mit Ersatzstoffen, die ebenfalls sauer oder neutral beziehungsweise kalkfrei sind. Dazu dienen zu gleichen Teilen Laubkompost, Sand, Nadelstreu und Rindenhumus.

Pflanzvorschläge

Wie bei jeder Balkonbegrünung ist auch beim Gestalten mit Obstpflanzen erlaubt, was gefällt – selbstverständlich unter Beachtung gärtnerischer Grundlagen. So dürfen Apfelbäumchen gerne mit Erdbeeren unterpflanzt werden, wenn beide Arten genügend Wurzelraum haben. Langfristig lassen sich die alle Obstbäumchen nur in großen Trögen oder Kübeln kultivieren. In diesen ist dann auch noch Platz für andere Obstgewächse oder auch verschiedene Sommerblumen. Natürlich sind auch Arrangements mit einzelnen Kübelpflanzen möglich, die in Gruppen zusammengestellt werden.
Mein Tip: Wenn Sie unsicher sind, welche Möglichkeiten sich auf der verfügbaren Fläche bieten, erleichtert eine kleine Skizze die Planung und Auswahl. Nehmen Sie ein Blatt Papier und setzen Sie sich auf den Balkon oder die Terrasse. »Vor Ort« lassen sich alle Gegebenheiten in die Planung mit einbeziehen.

Pflanzinseln

Wirkungsvoller und einfacher zu pflegen sind geräumige Pflanzgefäße, in denen mehrere Gewächse Platz haben. Solche Pflanzinseln müssen allerdings mehr als 100 Liter Substrat fassen, damit die Pflanzen genügend Wurzelraum haben. Günstig ist es, wenn stets ein Gehölz mit Stauden kombiniert wird. So paßt Kapuzinerkresse gut zu Apfelbäumchen, der Pfirsich verträgt sich mit Erdbeeren und zum Wein kann Salbei gesetzt werden. Ideal eignen sich solche geräumigen Pflanzgefäße für spezielle Kulturen, wie etwa Moorbeetpflanzen, die ein saures Substrat brauchen. So lassen sich beispielsweise Kulturheidelbeeren, Preiselbeeren und Gaultherien zusammensetzen. Dazu wird Moorbeetsubstrat eingefüllt.

Pflanzwannen

Eine andere Möglichkeit, mehrere verschiedene Arten in Gruppen zu arrangieren, bieten große Wannen oder Pflanzbecken, die mit einem geeigneten Füllmaterial. Das kann Blähton oder eine andere mineralische Schüttung sein. In dieses Material lassen sich die ausgewählten Kübelpflanzen in entsprechenden Abständen einsenken. Dadurch stehen sie fest und windwurfsicher. Auf diese Weise konkurrieren auch die Wurzeln nicht. Die Schüttung vermindert die Verdunstung und erhält die Bodenfeuchtigkeit. Solche Pflanzwannen sind besonders für südländischen Kübelpflanzen, wie Feigen oder Zitruspflanzen geschaffen. Sie lassen sich im Frühjahr einsenken und im Herbst leicht wieder entnehmen und einquartieren. Selbstverständlich brauchen die Wannen oder Becken viel Platz. Manchmal sind sie baulich schon in großen Balkons integriert. Der Eigenbau (nur auf großen Balkons oder Dachterrassen) ist aus Ziegeln oder Betonformsteinen möglich.

Betonringe

Bewährt, weil völlig witterungsbeständig und massiv, sind Betonringe, die es im Baustoffhandel in vielen verschiedenen Größen gibt. Sie laden einem Balkon allerdings ein enormes Gewicht auf und eignen sich besser für ebenerdige Standflächen, etwa auf einer Terrasse.
Mein Tip: Wenn Sie der graue Beton stört, wirkt ein Anstrich mit einer passenden Fassadenfarbe Wunder. Die Wandung läßt sich beispielsweise mit der gleichen Farbe streichen wie das Wohnhaus. In einen dieser Rundtröge passen mehrere Pflanzen. So kann in der Mitte ein Birnbäumchen stehen, das rundherum mit Beerenbüschen unterpflanzt wird. Der recht große Wurzelraum bietet allen Pflanzen günstige Wachstumsbedingungen.

Der Pfirsichbaum blüht im Frühjahr auf.

Mediterrane Pflanzengesellschaft mit Kumquat, Feige und Orangenbäumchen.

Pflanzskizze

Auch bereits beim Einkauf kann eine einfache Skizze hilfreich sein und Kosten sparen. Beim Einzeichnen der gewünschten Pflanzen sollten Sie unbedingt die endgültige Größe der Pflanze berücksichtigen. Ziehen Sie neben Pflanzenbeschreibungen auch Kataloge zu Rate. Sie machen Preisvergleiche möglich. So kann statt eines gewünschten, aber teuren Zitrusbäumchens ein billigerer, aber gleichwertiger Feigenbusch in Frage kommen. In der Skizze lassen sich auch Gestaltungselemente (wie zum Beispiel ein Sitzplatz) berücksichtigen. Sie erleichtern sich die Auswahl und dem Fachpersonal vor Ort die Beratung, wenn Sie bereits mit konkreten Vorstellungen und Wünschen zum Pflanzenkauf fahren. Falls der Gärtner einige besondere Pflanzen im Angebot hat, greifen Sie ruhig zu. Bedenken Sie, daß sich die Preise mit zunehmender Größe der Pflanzen vervielfachen. Wenn Sie Zeit haben für die Pflege und die Entwicklung von Jungpflanzen, müssen Sie grundsätzlich auf keine Art verzichten.

Arrangieren

»Probieren geht über studieren«. Dies gilt auch für Arrangements mit Topfobst. Beginnen Sie mit der Gestaltung Ihres Balkons oder Ihrer Terrasse am besten bereits im Gartencenter, indem Sie ausgewählte Pflanzen zusammenstellen und die Pflanzgruppe in ihrer Wirkung begutachten. Containerpflanzen machen das leicht möglich. Normalerweise genügen ohnehin wenige Exemplare, zumal die Obstgehölze doch repräsentativ sind. Ein Apfelbaum, ein Birnbaum oder eine Quitte kann eine Balkonecke bereits ausfüllen. Denken Sie also bei der Zusammenstellung immer an die verfügbare Stellfläche. Sobald ein schönes Exemplar einer gewünschten Obstart ausgewählt und aus dem Verkaufsstand entnommen ist, wird es frei plaziert. Jetzt können Sie weitere Pflanzen aussuchen und dazustellen. So läßt sich zum Beispiel ein Apfelbäumchen oder ein Zitronenbäumchen gut mit Kräutern kombinieren. Diese sind ebenfalls in Töpfen erhältlich. Suchen Sie auch davon schöne Exemplare aus und gruppieren Sie diese um das Obstbäumchen herum. Dann ergänzen Sie das Arrangement vielleicht noch mit Blumen. Auf diese Weise kommt ein üppiges Arrangement zustande. Nun können Sie auch gleich an die Auswahl der geeigneten Pflanzgefäße gehen und auch diese in den Formen, Farben und Materialien aufeinander abstimmen. Ein mediterranes Flair auf Balkon und Terrasse läßt sich mit einem Zitronenbäumchen in Kombination mit Feige, Bougainvillee, Heliotrop und Oleander verwirklichen. Auch Sommerblumen – vorzugsweise mit weißen und blauen Blüten – setzen hier hübsche und frische Akzente.

Kombinieren

Die verschiedenen Topfobst-Arten und -Sorten lassen sich beliebig kombinieren. Eine rotlaubige Hasel macht sich durchaus gut neben einer hellgrünen Zitruspflanze. Dazu paßt auch ein großblättriger Feigenbusch. Natürlich können sich ebenso Blütenpflanzen dazugesellen. Eine Kapuzinerkresse hält dem Apfelbaum sogar die Blattläuse vom Leib. Genauso lassen sich Tagetes, Ringelblumen oder auch Topfgemüse mit Obstpflanzen kombinieren. Ein Kasten mit Pelargonien lockert die grüne Obstgesellschaft ebenfalls auf. Sie können natürlich – nach Vorstellung und Geschmack – die unterschiedlichsten Pflanzgruppen schaffen. Zum Apfelbaum mit Kräuterunterpflanzung kann sich zum Beispiel ein Birnbaum mit weißen Sommerblumen gesellen, dazu noch eine Weinrebe mit Salbei sowie eine Kulturheidelbeere mit Preiselbeere und Erika.

Begrünung von unten

Eine andere Gestaltungsmöglichkeit ergibt sich mit fruchtenden Kletterpflanzen. So lassen sich Weinreben oder Kiwis in den Boden pflanzen und von dort aus auf den Balkon lenken. Auf diese Weise bleibt oben die Vorbereitung von Pflanzgefäßen erspart. Außerdem brauchen die bodenständigen Pflanzen keine besondere Pflege, zumal sie sich ihre Nährstoffe und das nötige Wasser selbst aus dem Boden holen können.

Der kleine Nutzgarten

Mit Hilfe von Topfobst und -gemüse sowie verschiedensten Kräutern läßt sich ein richtiges »Nutzgärtlein« auf dem Balkon einrichten. Zu den ausgewählten Obstpflanzen können dann zum Beispiel Tomaten, Zucchinis, Paprika, Schnittlauch und die wichtigsten Küchenkräuter hinzukommen. In schöne Terrakottaträge oder rustikale Holzkästen gepflanzt ergibt sich durch den kleinen Küchengarten ein ganz eigenes Gestaltungsmoment auf Ihrem Freisitz.

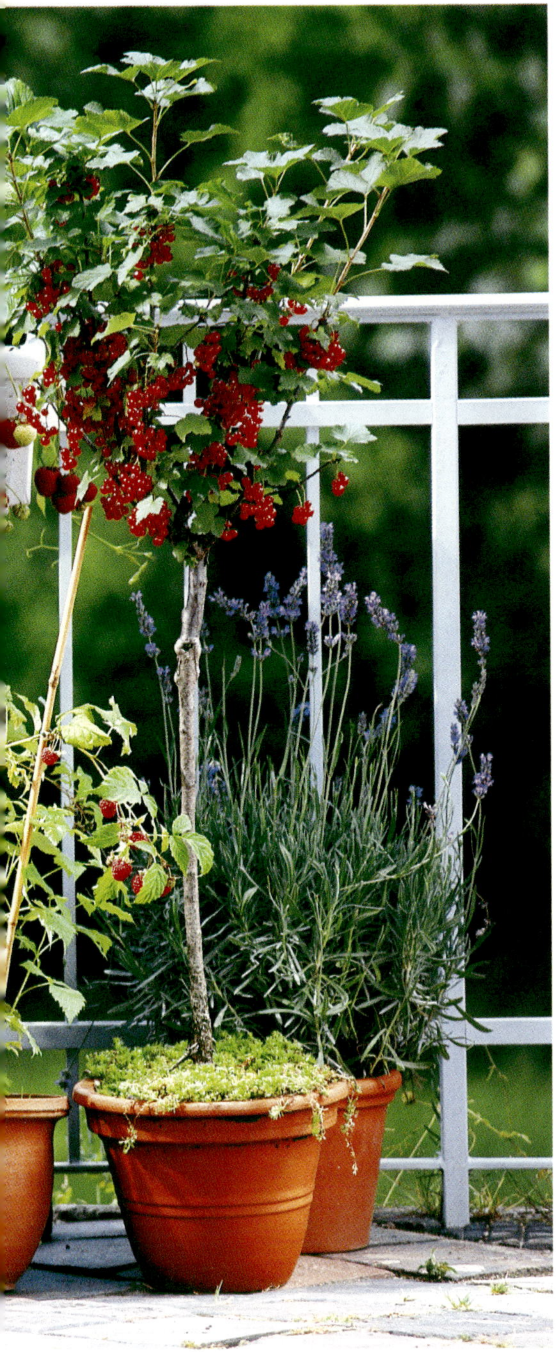

Damit es blüht und fruchtet

Topfobst richtig pflegen

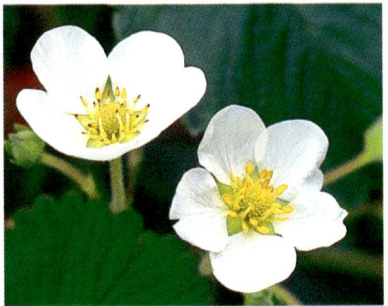

Anders als Gemüsepflanzen, die nur ein Jahr grünen und fruchten, bleiben Topfobstpflanzen – bei artgemäßer Pflege – viele Jahre vital. Damit der Obstanbau im kleinen von Erfolg gekrönt ist, erhalten Sie auf den folgenden Seiten exakte Anleitungen zu Pflege, Schnitt, Vermehrung, Überwinterung und Pflanzenschutz.

Foto links: Hier gedeihen Schwarze und Rote Johannisbeeren, Stachelbeeren und Erdbeeren frisch zum Naschen vom Strauch.
Foto oben: Erdbeeren blühen im Frühjahr.

Pflege rund ums Jahr

Frühjahr: Mit dem Ausquartieren der Obstgewächse beginnt die Pflege. Die frostempfindlichen südländischen Arten wie Feigen, Zitruspflanzen oder Mandeln dürfen erst ins Freie, wenn keine Fröste mehr zu erwarten sind. Allerdings brauchen sie bis dahin möglichst viel frische Luft und genügend Licht. An milden Tagen sollten sie im Spätwinter schon tagsüber ins Freie gestellt oder gut belüftet werden. Direkte Sonne vertragen sie noch nicht. Deshalb ist eine Schattierung oder ein schattiger Platz nötig. Die heimischen Arten, die den Winter eingepackt auf dem Balkon, mit den Töpfen im Garten eingesenkt oder in einem kühlen Gewächshaus verbracht haben, kommen bereits im zeitigen Frühjahr wieder an ihre Stammplätze im Freien. Geringe Nachtfröste vertragen sie, ohne Schaden zu nehmen. Für alle Obstarten ist die Zeit für einen Schnitt im Spätwinter oder Frühjahr am günstigsten. Falls nötig, wird also jetzt zur Schere gegriffen, zumal der Rückschnitt zum Austreiben anregt. Mit zunehmender Lichtstärke beginnt auch das Wachstum wieder oder es verstärkt sich (etwa bei immergrünen Arten). Deshalb bekommen Düngergaben jetzt den Topfobstpflanzen am besten. Sie fördern den Austrieb. Natürlich muß auch auf regelmäßige Wassergaben geachtet werden. Vor dem Austrieb ist übrigens auch ein günstiger Zeitpunkt zum Umtopfen – falls nötig.

Sommer: Besonders während der Wachstumsphase und der Fruchtreife brauchen alle Topfobstgewächse stets ausreichend Wasser und Nährstoffe. Zudem ist es nötig, die Triebe zu korrigieren. So werden störende Triebe gleich bei der Entstehung entfernt oder in die gewünschte Richtung gelenkt und geheftet. Auch die Gipfeltriebe lassen sich am besten stäben und heften, solange sie elastisch sind. Weiterhin sind Stützen gegen Windwurf nötig sowie Behandlungen gegen Schädlinge und Krankheiten.

Herbst: Die Erntezeit, die je nach Art etwa mit Erdbeeren bereits im Sommer beginnt, dauert mit Quitten, Mispeln und Kiwis bis in den Herbst an. Bis dahin darf die Versorgung mit Wasser nicht vernachläßigt werden. Dünger erhalten die Topfobstpflanzen im Herbst nicht mehr. Reich fruchtende Pflanzen brauchen während der Reifezeit eine Stütze. Jetzt können alle heimischen Arten umgetopft werden. Für die »Südländer« ist dafür das Frühjahr günstiger.

Winter: Er bedeutet für alle Pflanzen Ruhezeit. Sobald Fröste angekündigt sind, kommen die empfindlichen Arten in ihr Winterquartier (das kann natürlich schon im Herbst nötig sein). Hier erhalten sie nur wenig Wasser. Die robusten Pflanzen bleiben solange wie möglich im Freien. Sie bekommen dann je nach Art den passenden Frostschutz und während der Winterpause genügend Wasser.

Pflege je nach Bedarf

Regelmäßige Bewässerung und ausreichende Nährstoffversorgung sind unverzichtbare Pflegeaufgaben und entscheiden über Gedeih oder Verderb der Pflanzen, ebenso wie der je nach Art erforderliche Frostschutz. Schnitt, das Stäben, Heften und dergleichen sind dagegen mehr oder weniger Erziehungshilfen. Ein Apfelbäumchen etwa läßt sich sowohl als unsymmetrischer Busch im Kübel halten, als auch in strenger Spalierform. Auf die Vitalität und Fruchtbarkeit hat die Formgebung keine besondere Wirkung. Die Pflege wird also auch von den persönlichen Vorstellungen des »Erziehungspersonals« bestimmt. Wer es gerne naturnah möchte, kann sein Topfobst locker wachsen lassen. Wem strenge Formen mehr zusagen, wird das Geäst entsprechend straff ordnen. Eine strenge Erziehung nimmt allerdings auch mehr Zeit in Anspruch – zumindest in den ersten Jahren.

*N*ach Abblühen der Tulpen und Veilchen erhält der Pfirsich eine sommerliche Unterpflanzung. Dazu eignen sich zum Beispiel hängende Pelargonien und Duftsteinreich (Lobularia), der den Sommer hindurch einen intensiven Duft verbreitet. Gut wirken auch Küchenkräuter wie Thymian, Schnittlauch und Kapuzinerkresse.

Weinrebe und Apfelbaum – ein fruchtbares Paar.

Nährstoffversorgung

Kübelpflanzen steht nur ein geringes Erdvolumen mit begrenztem Nährstoffangebot zur Verfügung. Obwohl sie auch ohne Düngung recht gut überleben können – auch sie produzieren mit Hilfe der Sonnenenergie und dem Kohlendioxid aus der Luft Stärke – wirkt sich eine gezielte Nährstoffversor-

gung günstig auf das Gedeihen aus. Topfobst soll ja üppig grünen, blühen und fruchten. »Viel hilft viel« ist bei der Düngung von Kübelpflanzen durchaus eine gültige Devise. Allerdings ist nicht mehr nötig, als verbraucht wird. Zudem sind die Jahreszeit und der Zustand der Pflanzen zu beachten. Während der Wachstumsruhe ist die Düngung selbstverständlich

unnötig, zur Zeit des Austriebs jedoch fördern gezielte Düngergaben die Entwicklung. Wenig wirksam ist eine Düngung nach dem Umtopfen in frisches, nährstoffreiches Substrat, hingegen können alte Pflanzen, die schon einige Jahre im selben Kübel sitzen, eine Düngung gut vertragen.

Düngemittel

Die Zeitpunkt zur Düngung ist auch von der Art des Düngemittels abhängig. Schnelllösliche Mineraldünger, die sofort nach dem Gießen oder Streuen wirksam werden, dürfen nur in der Wachstumszeit (vom Frühjahr bis zum Sommer) zum Einsatz kommen. Im Spätsommer regen sie unter Umständen zum Austreiben an. Die weichen Triebe haben dann keine ausreichende Winterhärte. Im Winterhalbjahr schaden schnellwirksame Mittel ohnehin mehr als sie nützen. Zudem werden sie mit dem Regenwasser ausgewaschen und gehen ungenutzt verloren. In anderer Weise wirken organische Düngemittel, wie Kompost, Hornspäne und dergleichen. Sie brauchen zunächst eine Umwandlung durch Bodenlebewesen, damit sie für die Pflanzen verfügbar werden. Diese organischen Düngemittel wirken langsam und anhaltend, da die Mikroorganismen in der

Düngen und umtopfen

Topferde weniger aktiv sind als im Freilandboden. Auch Regenwürmer, Asseln und andere Tierchen, die sich an der Umwandlung beteiligen, finden sich kaum in Pflanzkübeln. Sie schaden übrigens den Pflanzenwurzeln nicht, sondern verzehren nur abgestorbene Pflanzenteile.

Mischdünger

Besonders für Obstpflanzen empfiehlt sich eine Versorgung mit Mischdünger. Die schnelllöslichen Anteile kommen ihnen sofort zur Blütenbildung und Fruchtentwicklung zugute. Die langsamwirkenden nehmen sie nach und nach auf, um die Triebe auszureifen und Knospen für das nächste Jahr auszubilden. Eine bewährte Mischung ist beispielsweise reifer Gartenkompost, der mit Hornspänen, Düngekalk und Gesteinsmehl vermengt und mit etwas mineralischem Volldünger angereichert wird. Selbstverständlich eignen sich auch fertige Produkte, die speziell für Topfobst oder für Kübelpflanzen hergestellt wurden.

Wieviel düngen?

Die Menge läßt sich anhand der Packungsangaben bemessen (zum Beispiel 100 Gramm pro 10 l Substrat). Bei eigenen Mischungen ist die Dosierung auch ein wenig Gefühlssache – es sei denn, der Gehalt an Reinnährstoffen in den einzelnen Bestandteilen ist bekannt. Dazu muß der Gartenkompost analysiert werden, was bei einer Landwirtschaftlichen Untersuchungsanstalt möglich ist. Die Nährstoffe der anderen Zugaben sind wiederum aus den Packungsangaben ersichtlich. Das Topfsubstrat hat eine gewisse Speicherfähigkeit (»Pufferungsvermögen«), so daß auch eine Überdüngung bei maßvollen Gaben normalerweise keine Schäden verursacht.

Wann umtopfen?

Wenn die Pflanzen das Substrat völlig durchwurzelt haben, lassen sich die nötigen Nährstoffe kaum noch per Gießkanne oder Düngerstreuer geben, denn zur Speicherung ist Erde nötig. Ein gänzlich durchwurzelter Ballen braucht einen neuen Topf mit frischem Substrat, sonst beginnt die Obstpflanze früher oder später zu verkümmern. Meistens sind es Anzeichen, wie etwa ein kümmerlicher Austrieb oder eine geringe Fruchtentwicklung, die auf Nährstoffmangel beziehungsweise geringen Wurzelraum hinweisen. Am einfachsten läßt sich der Zustand des Ballens durch das Austopfen erkennen. Sind nach dem vorsichtigen Herausziehen der Pflanze aus dem Pflanzgefäß nur noch Wurzeln und keine Erde mehr zu sehen, wird es Zeit für frisches Substrat.

Wie umtopfen ?

Das Umtopfen kann bereits nach dem Einkauf der Pflanzen wünschenswert sein. Wer die schwarzen Container nicht mag, wird sein Obst in Terrakotta oder Holzkübel umsetzen. Bei der Gelegenheit wird gleich größeres Gefäß gewählt. Achten Sie darauf, daß der Wurzelballen genügend Spielraum zwischen der Wandung hat. Nur dann läßt sich das frische Substrat leicht einfüllen und festdrücken. Ziehen Sie die Pflanze dazu aus dem alten Topf. Falls nötig muß dieser aufgeschnitten werden, um Wurzelschäden zu vermeiden. Bedecken Sie das Wasserabzugsloch im neuen Kübel mit Tonscherben und füllen Sie dann eine Schicht Substrat ein. Jetzt kann der Ballen in den Topf gestellt werden. Sobald er richtig sitzt, läßt sich rundherum das Substrat einfüllen. Die Pflanztiefe richtet sich nach dem vorherigen Stand. Der Wurzelballen darf weder zu hoch noch zu tief im Topf sitzen. Das Aufstoßen auf den Boden festigt das frische Füllmaterial. Nach dem Einschlämmen mit Wasser kommt die Pflanze auf ihren Platz.

Praxis: Schnitt

Obstgehölze entwik-keln im Freiland kleine oder mächtige Büsche und Bäume – je nach Art und Standort. So bringen etwa Walnuß-bäume dicke Stämme mit haushohem Geäst hervor, während Johannisbeerbüsche nur ein niedriges Zweigwerk treiben. Danach richtet sich natürlich auch der Schnitt. Es hat keinen Wert, einen von Natur aus starkwachsenden Baum durch den Schnitt klein zu halten. Er wird immer wieder versuchen, die verlo-rene Substanz zu er-neuern. Denn der Wurzeldruck bleibt ja weiterhin gleich.

Rückschnitt
Zeichnung 1

Eine Grundregel, die für alle Gehölze gilt, also auch für Obst-gehölze in Töpfen, be-sagt: Je stärker der Rückschnitt, um so kräftiger der Austrieb. Jedes gesunde Gehölz bringt nach einem Rückschnitt wieder mehr oder weniger

2 Ein Strauch läßt sich in mehreren Schnittphasen zu einem kleinen Bäumchen erziehen.

kräftige Triebe hervor, und zwar je nach Art der Pflanze und Art des Rückschnitts. Dies läßt sich auch bei der Erzie-hung der Obstgehölze in Töpfen ausnützen, jedoch nicht durch willkürliches Ab-schneiden irgendwel-cher Zweige, sondern durch einen gezielten Schnitt. Ein junger Baum, dem störende Zweige in Bodennähe genommen werden, legt seine Kraft in die Entwicklung anderer erhalten gebliebener Zweige. So dient der regelmäßige Schnitt dazu, störende oder zu viele Zweige stets zu-gunsten erhaltenswer-ter zu entfernen. Dies

sollte von Jugend an geschehen.

Erziehungsschnitt
Zeichnung 2

Achten Sie schon bei der Auswahl und beim Kauf Ihrer Obstge-wächse auf spezielle Bäumchen und Büsche, die sich bevorzugt für die gewünschte Erzie-hungsform eignen. Wenn Sie etwa ein Jo-hannisbeerbäumchen haben möchten, sollte dies schon einen kräfti-gen Stamm haben und in der gewünschten Kronenhöhe gut ver-zweigt sein. Es macht dann wenig Mühe, aus diesen Zweigen eine

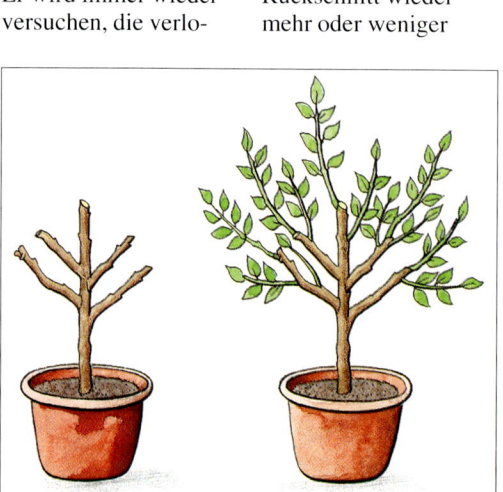

1 Ein Rückschnitt nach der Pflanzung fördert den Austrieb. Schnitt im Winter, Austrieb im Frühjahr.

buschige Krone zu bilden. Möglich, aber wenig sinnvoll ist es dagegen, einen Johannisbeerbusch zum Stämmchen zu erziehen. Er läßt sich vielmehr durch das Einkürzen der Triebe zur Verzweigung und zu buschigem Wuchs anregen. Das gilt auch für andere Obstarten. Für den Balkon kommen jedoch ohnehin nur strauchförmige Obstgehölze oder solche mit niedrigen Kronen in Frage. Für Hochstämme ist normalerweise – außer auf geräumigen Dachterrassen – kein Platz.

Gezielter Schnitt
Zeichnung 3 und 4

Eine andere beachtenswerte Regel hilft bei der Ordnung des Geästs. Der Schnitt über einer bestimmten Knospe bewirkt einen Austrieb aus dieser Knospe. Dadurch lassen sich Zweige in bestimmte Richtungen lenken. Wenn etwa ein steil stehender Zweig zu waagerechterem Wuchs angeregt werden soll, wird dieser

3 Schnitt oberhalb einer Knospe zur Anregung neuen Austriebes.

einfach knapp über einer Knospe abgeschnitten, die nach außen gerichtet ist (Zeichnung 3). Sie bringt dann einen mehr oder weniger waagerechten Trieb hervor (Zeichnung 4). Auf diese Weise ist sowohl eine lockere Kronenerzie-

4 Nach dem Rückschnitt entwickeln die Knospen kräftige Triebe.

hung mit weniger streng geordneten Zweigen möglich als auch eine exakte Spaliererziehung mit symmetrisch angeordneten Zweigen. Die Erziehung durch einen gezielten Schnitt läßt sich zusätzlich durch das Abspreizen oder Absenken junger, noch elastischer Triebe unterstützen.

Termin

Die günstigste Zeit zum Schneiden ist im Spätwinter beziehungsweise zeitigen Frühjahr, wenn sich das Geäst kahl und überschaubar zeigt. Kleine Eingriffe lassen sich aber das ganze Jahr hindurch, und zwar auch im Sommer vornehmen. Das Binden und Heften muß ohnehin in der Wachstumszeit geschehen, also vom Frühjahr an, wenn die Gehölze treiben.

Erhaltungsschnitt

Nach der Erziehung der jungen Bäumchen brauchen sie später nur noch wenige Eingriffe. Sobald ein bestimmtes Kronengerüst oder

Strauchwerk gebildet ist, läßt sich dieses durch das Auslichten störender Triebe, das Ordnen vorhandener und die Anregung zur Entwicklung neuer Triebe recht einfach in Form halten. Je nach Art müssen beim Beerenobst immer wieder einige alte, vergreiste Zweige am Boden entfernt werden, damit sich junge Triebe bilden. Auch beim Kern- und Steinobst fördert ein maßvoller Rückschnitt alter Zweige die Verjüngung. Natürlich sollte immer genügend altes Fruchtholz vorhanden bleiben. Bei Weinreben und Kiwis, die aus jungen Trieben Fruchttriebe entwickeln, darf nicht ins alte Holz geschnitten werden. Bei diesen beiden Kletterpflanzen ist es nötig, jedes Jahr im Spätwinter die jungen, oft meterlangen Ruten auf kurze Stummel mit wenigen Knospen einzukürzen. Ansonsten können beim Topfobstschnitt natürlich die geltenden Regeln für Obstgehölze im Garten angewandt werden. Sie sind je nach Art unterschiedlich.

Ein hübscher Kontrast – Zitronenbusch mit Erdbeeren unterpflanzt.

Wasserversorgung

Auf dem Balkon sind Gehölze in engen Pflanzgefäßen fast ausschließlich auf die Versorgung mit der Gießkanne oder ein Bewässerungssystem angewiesen, da in der Regel nur wenig Regenwasser die Topferde erreicht. Günstiger sieht es auf Dachgärten oder offenen Terrassen aus. Hier bekommt das Topfobst je nach Witterung und Lage doch viel Regen ab. Ein Regenmesser, der günstig plaziert wird, zeigt recht zuverlässig den Niederschlag pro Quadratmeter an.

Oft weiß man nicht so recht, ob die Pflanzen genug Wasser haben oder welches brauchen. Im Handel sind Feuchtigkeitsmesser, die mit Hilfe eines Bimetallstabes (mit Zeiger und Skala), der in den Boden gesteckt wird, den Wassergehalt des Substrats anzeigen. Mit Hilfe dieser »Kombitester« ist übrigens auch der pH-Wert meßbar. Der Wasserbedarf von Topfpflanzen läßt sich mit einfachen Methoden erkennen. Durch kurzes Hochheben wird am Gewicht spürbar, ob der Wurzelballen naß oder trocken ist. Einen Hinweis auf Wasserbedarf gibt das Erdsubstrat. Es schrumpft bei Trockenheit und löst sich von der Topfwandung. Ein deutliches Zeichen sind schlaffe Blätter. Hilfreich können Zeigerpflanzen sein. Schnittlauch, der als Unterpflanzung von Obstgehölzen dient, wird bei Trockenheit rasch welk.

Wasservorrat anlegen

Es sollte stets ein Wasservorrat bereitstehen, so daß bei Bedarf unverzüglich gegossen werden kann. In den Kübeln und Kannen kann sich das kalte Leitungswasser auch erwärmen. Es bekommt den Pflanzen dann besser. Ideal als Gießwasser ist Regenwasser. Es ist neutral, weich und an die Lufttemperatur angepaßt. Vor dem Sammeln läßt sich das erste eventuell schmutzbelastete Regenwasser in die Kanalisation ableiten. Dann kommt normalerweise sauberes Wasser, das mittels Regensammler in eine Zisterne neben der Terrasse oder in ein Faß auf dem Balkon gelenkt wird.

Bewässerungssysteme

In Urlaubszeiten nützen alle Hilfsmittel und Methoden nichts. Wer in dieser Zeit kein zuverlässiges »Pflegepersonal« für seine Pflanzen hat (Nachbarn oder Freunde), für den empfiehlt sich ein Bewässerungssystem. Sobald es richtig installiert und nach einer Probelaufzeit passend eingestellt ist, funktioniert es recht zuverlässig. Kunststoffschläuche führen das Gießwasser aus Vorratstanks oder aus der Wasserleitung zu den Töpfen und geben es mittels Tropfern ab. Ventile öffnen oder schließen die Zufuhr je nach Bedarf. Solche Systeme, die von verschiedenen Herstellern angeboten werden, sind einfach zu installieren und wartungsfrei. Lassen Sie sich die Systeme aber vor dem Kauf genau erklären oder am besten vorführen. Denken Sie jedoch daran, daß es Ausfälle geben kann (zum Beispiel durch verstopfte Düsen, poröse Schläuche).

Drainage

Ebenso wichtig wie die Wasserversorgung bei Trockenheit ist das Abführen von zuviel Wasser. Staunässe muß in jedem Fall verhindert werden, denn sie führt zu vielerlei Krankheiten. Dazu sind unbedingt Wasserabzugslöcher in den Gefäßböden nötig. Sie können auch, etwa bei Mörtelwannen, nachträglich und zwar seitlich durch die Wandung gebohrt werden. Die Löcher müssen groß genug sein, damit sie nicht verschlämmen. Das überschüssige, ablaufende Wasser darf keine Schäden auf dem Balkon- oder Terrassenbelag verursachen. Zu den Pflanzgefäßen passende Untersetzer gehören deshalb unbedingt zur Ausstattung.

Praxis: Vermehrung

Wenn Sie Obstkerne in den Boden stecken, keimen diese je nach Art früher oder später. Zitruskerne gehen recht zuverlässig auf. Auch Apfelquittensamen bringen ziemlich sicher Sämlinge hervor (Zeichnung 1). Kirschkerne lassen sich dagegen oft mehrere Monate Zeit. Aus Samen gezogene Jungpflanzen haben jedoch nur selten gute Eigenschaften. Deshalb werden Obstgehölze vorzugsweise durch Veredelung vermehrt. Dadurch sind serienweise Jungpflanzen zu bekommen, die genau die gleichen Eigenschaften haben wie die Mutterpflanze. Apfelsämlinge entwickeln normalerweise kleine, holzige Früchte, die bezeichnenderweise Holzäpfel heißen. Das gilt auch für Birnen, Kirschen und anderes Obst. Die Sämlinge dienen nur als Veredelungs-Unterlagen für erhaltenswerte Sorten. Obstsämlinge kommen allerdings auch als Veredelungsunterlagen kaum zum Einsatz, da sie starkwüchsig sind. Nur bei Zitruspflanzen, Quitten und anderen Obstgehölzen, die von Natur aus klein bleiben, eignen sich auch Sämlinge zum Veredeln, insbesondere von Topfobstbäumchen.

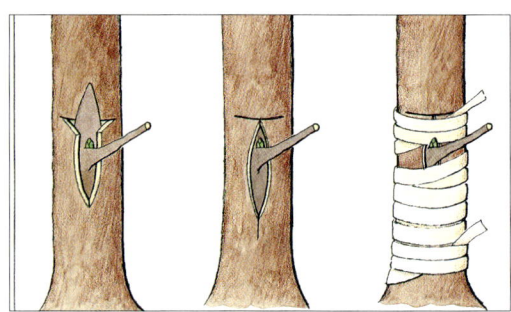

2 Beim Okulieren werden Knospen mit Rindenanteil (»Augen«) eingesetzt.

Veredeln
Zeichnung 1

Diese Art der Vermehrung bedarf einiger Übung und ist normalerweise Profigärtnern vorbehalten. Wer selber pfropfen oder okulieren möchte, braucht dazu junge »Unterlagen«, also Obstsämlinge oder Typen-Unterlagen. Sämlinge lassen sich aus Kernen von Zitrusfrüchten, Apfelquitten oder anderen schwachwachsenden Obstarten ziehen. Je nach Art der Veredelung bekommen die Unterlagen entweder im Frühjahr jeweils einen Trieb von einer guten Obstsorte aufgepfropft oder im Sommer Knospen eingesetzt. Sobald die selbstgezogenen Jungpflanzen etwa Bleistiftstärke

erreicht haben, sind sie bereit zum Veredeln.

Okulieren
Zeichnung 2 und 3

Beim Okulieren im Sommer wird von einer guten Sorte der gleichen Obstart ein junger Trieb von einer gesunden Mutterpflanze geschnitten. Dieser Trieb wird entblättert, und zwar vorsichtig mit einer Schere, da in den Blattachseln die Knospen für die Veredelung sitzen. Kurze Blattstielchen bleiben erhalten. Nun wird die Veredelungsunterlage, also die Jungpflanze im Topf, vorbereitet. Mit einem Messer erfolgt ein T-Schnitt in die Rinde. Sobald die beiden Rindenlappen mit dem Messerrücken vom Holz gelöst

1 Aus reifen Apfelquitten lassen sich recht zuverlässig Sämlinge für die Veredelung ziehen.

3 Sobald sich ein edler Trieb entwickelt hat, wird der wilde Trieb abgeschnitten.

und aufgeklappt sind, wird eine Knospe mit einem flachen Rindenanteil vom Edeltrieb geschnitten und eingesetzt. Nach dem Verbinden (mit Raffiabast) wachsen beide Pratner zusammen (Zeichnung 2). Der Austrieb erfolgt noch im selben Jahr. Ist die Veredelung gelungen, wird die Jungpflanze wie in Zeichnung 3 zu sehen ist weiterbehandelt.

Stecklinge
Zeichnung 4 und 5

Johannisbeeren, Zitruspflanzen und Feigen lassen sich recht zuverlässig durch Stecklinge vermehren. Dazu dienen junge Triebe von gesunden Mutterpflanzen, die gute Früchte

tragen. Sie bilden nach dem Zuschneiden und Einstecken in sandiges Erdsubstrat feine Faserwurzeln. Eine hohe Luftfeuchte, die durch

4 Sommerstecklinge bewurzeln unter einer Glas- oder Folienhaube.

Überstülpen einer Glas- oder Folienhaube erzeugt wird, fördert die Wurzelbildung (Zeichnung 4). Bei Weinreben, Feigen oder Holunder gelingt die Bewurzelung besser mittels junger holziger Triebe, die im Winter geschnitten und möglichst tief in Töpfe mit sandigem Substrat gesteckt werden (Zeichnung 5).

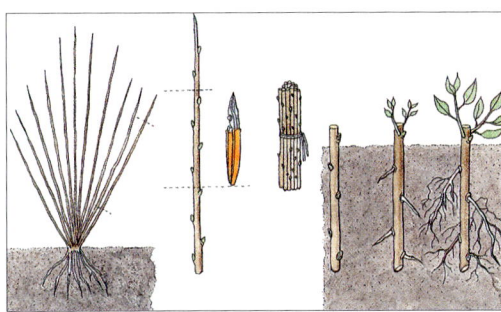

5 Steckhölzchen werden im Winter geschnitten; sie bilden in der Erde Wurzeln.

Ausläufer und Teilung

Erdbeerpflanzen für den Balkon lassen sich ganz einfach durch Abtrennen bewurzelter Ausläufer von guten Mutterpflanzen gewinnen. Nach dem Einpflanzen wachsen sie zügig an. Beim Rhabarber ist die Vermehrung durch Teilung

kein Problem. Dazu werden kräftige Pflanzen im Herbst oder Frühjahr ausgegraben und in gut bewurzelte Teilstücke zerlegt.

Termine

Die Vermehrung durch Aussaat sollte unverzüglich nach der Fruchtreife geschehen.

Die günstigste Zeit zum Veredeln ist entweder im Frühjahr durch Pfropfen oder im Sommer durch Okulieren. Stecklinge wachsen am besten im Sommer an, wenn die jungen Jahrestriebe nicht mehr zu weich, aber auch noch nicht verholzt sind. Steckhölzer werden im Spätwinter geschnitten.

Topfobst richtig pflegen

Winterquartier für frostempfindliche Pflanzen

Hat es mehrere milde Winter in Folge gegeben, wächst die Risikobereitschaft, die Topfobstpflanzen im Winter mehr oder weniger schutzlos im Freien stehenzulassen. Das kann bei unerwarteter Kälte schlimme Folgen haben. Oft zieht bei uns der Winter mit Eis und Schnee erst im Januar/Februar ins Land, während im November/Dezember noch kühles, feuchtes Wetter den Pflanzen kaum zu schaffen macht. Dennoch sind bereits im Oktober Kälteperioden möglich. Wenige frostige Nächte können südländischen Obstpflanzen den Garaus machen. Zitruspflanzen, Feigen und Wollmispeln gehören deshalb im Oktober, wenn Nachtfrost angekündigt ist, ins Winterquartier. Bei mildem Wetter sollten sie natürlich so lange wie möglich im Freien bleiben. Für immergrüne Arten muß ein helles, kühles Quartier bereitgestellt werden. Der beste Winterschutz ist ein mäßig beheizter Wintergarten. Es reicht aber auch ein unbeheizter Schlafraum oder ein helles Treppenhaus aus. Die richtige Überwinterung lohnt sich. Immerhin sollen die teuren Kübelpflanzen gesund durch den Winter kommen. Außerdem sind sie auch während der Winterpause attraktiv. Zitruspflanzen und Wollmispeln blühen sogar im Winterquartier. Vor allem aber treiben sie nach einer sorgfältigen Überwinterung im Frühjahr wieder kräftig aus.

Winterschutz für frostfeste Arten

Apfelbäumchen, Quitten, Weinreben und dergleichen müssen natürlich draußen bleiben. Sie brauchen die kalte Winterpause. Im Haus würden sie vorzeitig austreiben und verkümmern. Allerdings darf es ihnen im Freien nicht zu kalt werden. Anders als bei Freilandpflanzen, deren Wurzeln recht gut geschützt im Boden gründen, sitzen Topfobstpflanzen sozusagen direkt an der Luft. Strenger Frost kann die Wurzelballen angreifen und schädigen.

Mein Tip: Rücken Sie deshalb die Pflanzen auf dem Balkon und der Terrasse zusammen und bedecken sie die Töpfe mit Stroh, Laub, Styromull oder anderem Dämmmaterial. Unter der Dämmung muß die Erde stets ausreichend feucht sein. Staunässe ist unbedingt zu vermeiden. Große Kübel, die sich nicht zusammenrücken lassen, müssen einzeln eingepackt werden, falls dies die Witterung und die Art der Pflanzen erfordern (siehe hierzu auch die Pflanzenportraits Seiten 16 – 31). Auch dazu dient luftiges Dämmmaterial. Das können Dämmplatten vom Baustoffhandel sein, die mit Schnüren an den Gefäßwänden befestigt werden. Das Strauchwerk der Pflanzen läßt sich mit luftdurchlässigem Kunstfaservlies oder mit Strohmatten einpacken. Zudem bewahrt ein Laubpolster, das vorher aufgeschüttet wird, vor Frostschäden an der Basis der Triebe. Robuste heimische Gehölze, wie Hagebutte oder Schlehe, kommen gewöhnlich ohne besonderen Schutz durch den Winter. Dennoch tut auch diesen Gehölzen eine Dämmung gut. Das gilt auch für Stauden, wie Erdbeeren und Rhabarber, die sich bei Kübelkultur als robust und langlebig zeigen.

Einräumen

In den Gartencenters und Baumschulen werden die Topfobstbäume entweder in den Boden eingesenkt oder mit Rindenhumus angehäufelt. Wenn vorhanden, dienen auch Folienhäuser als Winterquartiere. Ebenso lassen sich Ihre Topfobstbäumchen zuhause in freie Gartenbeete einsenken. Besser noch ist die Unterbringung in einem leeren Gewächshaus. Dazu wird an einer passenden Stelle eine Grube im Boden ausgehoben. Nach dem Einsenken der Töpfe dient die Aushuberde als Füllmaterial. Als zusätzlicher Frostschutz eignet sich Laub, mit dem die Bäumchen angehäufelt werden.

Der Pfirsichbaum kommt nach dem Laubfall in ein geschütztes Quartier.

Topfobst richtig pflegen

Gesunde Pflanzen kaufen

Der beste Pflanzenschutz ist die Auswahl gesunder Gewächse für einen geeigneten Standort. Empfindliche Arten an ungünstigen Plätzen haben immer wieder mit Krankheiten und Schädlingen zu kämpfen. Da helfen selbst die besten Mittel und Methoden nichts.

Mein Tip: Achten Sie deshalb auf gesunde Pflanzen mit Gütezeichen und kaufen Sie möglichst nur in einem Gartencenter oder einer Baumschule. Beachten Sie die Kulturbeschreibung und dementsprechend die Standort- und Pflegebedingungen.

Für südländische Topfobstpflanzen muß ein geeignetes Winterquartier zur Verfügung stehen. Kern- und Steinobst braucht ausreichende Standräume mit gut dimensionierten Pflanzgefäßen. Alle Arten müssen regelmäßig versorgt werden. Wenn es an Wasser oder Nährstoffen fehlt, bleiben Schädlinge und Mangelkrankheiten nicht aus.

Natürlich schützen

Gesunde, wüchsige Topfobstpflanzen sind selten anfällig gegen Schädlinge und Krankheiten. Falls doch einmal, dann werden sie in der Regel selbst damit fertig. Nicht zu vergessen beim Pflanzenschutz sind die natürlichen Helfer, die oft von selbst kommen. So räumen Marienkäfer und Ohrwürmer mit Blattläusen auf, wenn sie genügend Zeit zum Ansiedeln haben. Zu frühe oder falsche Spritzungen schaden deshalb mehr als sie nützen.

Schützende Pflanzen

Bewährt haben sich auch die Abwehr- und Heilkräfte bestimmter Pflanzen. So wirkt der Geruch von Knoblauch gegen Pilzbefall. Tomaten, die dem Topfobst beigepflanzt werden, vertreiben Ameisen aus der Erde. Tagetes halten Wurzelälchen ab. Notfalls kommen Brühen zum Einsatz, die aus solchen Heilpflanzen hergestellt werden. Eine Knoblauchbrühe hält Pilzkrankheiten in Schach. Eine Schachtelhalmbrühe stärkt das Gewebe gefährdeter Pflanzen.

Im Handel sind auch einige biologische Präparate erhältlich, die sofort und ohne Aufwand angewendet werden können. Besonders beim Obst sollten im Notfall zunächst solche biologischen Mittel zum Einsatz kommen. Wenn sie nicht wirken, hinterlassen sie wenigstens keine Schadstoffe, die bei chemischen Mitteln manchmal gefährlicher sind als die Schädlinge, die es zu vernichten galt.

Gezielte Mittel und Maßnahmen

Dennoch muß die eine oder andere Topfobstpflanze gelegentlich Unterstützung bekommen, wenn sich Blattkrankheiten abzeichnen oder Schädlinge schnell und im Übermaß ausbreiten. So helfen gegen Blattchlorosen, die bei Zitruspflanzen häufig sind, gezielte Gaben mit speziellem Eisendünger. Mit Mehltau befallene Weinreben oder Apfelbäumchen lassen sich mit biologischen Fungiziden von unerwünschten Pilzbelägen befreien (zum Beispiel mit einem Algenkalkmittel). Lassen Sie sich hierzu im Fachhandel beraten. Stellenweise stark verlauste Blätter werden ganz einfach mit der Schere entfernt und vernichtet.

Pflegefehler vermeiden

Schädlicher als saugende oder beißende Insekten (Blatt- und Schildläuse), die bei kompakten Topfobstpflanzen relativ leicht zu kontrollieren sind, wirken sich Pflegefehler aus. Zu schnelles Ausräumen der Zitruspflanzen und Wollmispeln aus dem Winterquartier bei vollsonnigem Wetter kann schlimme Blattverbrennungen zur Folge haben. Diese empfindlichen Pflanzen kommen bei bedecktem Himmel nach draußen und erhalten dann

Zitruspflanzen zählen zu den schönsten aber auch empfindlichen Topfobstgewächsen.

einen Schutz mit speziellem Schattenleinen oder aber zunächst einen geschützten Platz im Schatten.

Fürsorge im Winter

Während die Obstpflanzen im Sommerhalbjahr kaum Probleme mit Schädlingen und Krankheiten haben (soweit sie gut versorgt sind), macht ihnen häufig der Aufenthalt in den Winterquartieren zu schaffen. Achten Sie vor allem bei immergrünen Pflanzen (zum Beispiel Zitrus, Wollmispeln) darauf, daß sie soviel Licht wie möglich bekommen.

In der Wachstumsruhe verbrauchen sie wesentlich weniger Wasser als im Sommer. Dennoch dürfen die Ballen nicht ganz austrocknen. Gießen Sie ein- bis zweimal pro Monat vorsichtig und entfernen Sie überschüssiges Wasser sofort. Lüften Sie das Winterquartier bei mildem Wetter (Vorsicht bei Frost!) immer wieder durch. Die regelmäßige Erneuerung des Sauerstoffs hilft gegen Spinnmilben, Grauschimmelbildung und andere Schädlinge. Vermeiden Sie jedoch Zugluft!

Sach- und Pflanzenregister

Die **halbfett** gesetzten Seitenzahlen verweisen auf Farbfotos und Zeichnungen.

Register

Paradiesisch leben.
Mit GU.

Änderungen und Irrtum vorbehalten.

Bücher die weiterhelfen

(Falls nicht im Buchhandel, dann in Bibliotheken erhältlich)

Backett/Can/Stevens: *Pflanzenpracht für Balkon und Terrasse.* Mosaik Verlag, München

Bischof, H.: *Obstgehölze schneiden – leicht gemacht.* Kosmos Verlag, Stuttgart

Brettschneider, W.: *Obstbäume in Töpfen.* Ulmer Verlag, Stuttgart

Evans, H.: *Der Terrassengarten.* Mosaik Verlag, München

Fader, W.: *Der Weinstock am Haus.* BLV Verlag, München

Hansen, S.: *Zitruspflanzen auswählen und pflegen,* Gräfe und Unzer Verlag München

Heitz, H.: *Balkon und Kübelpflanzen,* Gräfe und Unzer Verlag München

Himmelhuber P.: *Obst- und Ziergehölze,* Weltbild Verlag, Augsburg

Jacobi, K.: *Balkon und Terrasse.* BLV Verlag, München

Jantra, H.: *Obstgarten.* Kosmos Verlag, Stuttgart

Loose, H.: *Obstbaumschnitt.* BLV Verlag, München

Mittmann, H. und D.: *Kübelpflanzen erfolgreich pflegen,* Gräfe und Unzer Verlag, München

Podlech, D.: *GU Kompaß Beeren,* Gräfe und Unzer Verlag, München

Preissel, U. u. W.: *Schöne Kübelpflanzen.* Ulmer Verlag, Stuttgart

Recht, Ch.: *Obstbäume biologisch ziehen.* Gräfe und Unzer Verlag, München

Schäfner, U.: *Obst für kleine Gärten.* BLV Verlag, München

Wilhelm, P. G.: *Obstgehölze sachgemäß schneiden.* Falken Verlag, Niedernhausen

Zeitschriften

(hier finden Sie im Anzeigenteil Adressen von Lieferanten für Obstgehölze)

FLORA,
Gruner + Jahr
AG & Co.,
Postfach 110011
20444 Hamburg

Gartenmagazin
Zeitschrift der Österreichischen Gartenbaugesellschaft
Parkring 12
A-1010 Wien

GARTENPRAXIS
Eugen Ulmer
Verlag
Postfach 705061
70574 Stuttgart

Garten Zeitung
Deutscher Bauernverlag GmbH
Brunnenstraße 128
13355 Berlin

Kraut & Rüben
BLV Verlaggesellschaft mbH
Lothstraße 29
80797 München

mein schöner Garten
Senator Burda
Verlag
Hauptstraße 130
77652 Offenburg

Schweizer Garten
Zeitschrift der deutsch-schweizerischen Gartenbauvereine
CH-3110 Münsingen

Dank

Viele der Fotos entstanden im Freigelände der Technischen Universität in Freising. Autor und Verlag danken für die freundliche Unterstützung.

Impressum

Warnung und Hinweis

In diesem Buch geht es um die Pflege von Obstgewächsen auf Balkon und Terrasse. Einige der beschriebenen Pflanzen haben scharfe Dornen beziehungsweise Stacheln: Im Portraitteil wird bei den einzelnen Arten eigens darauf hingewiesen. Tragen Sie bei Pflegearbeiten Handschuhe, damit Sie sich nicht verletzen. Räumen Sie Gartenwerkzeuge nach Gebrauch immer sofort wieder weg. Bewässerungsanlagen sind stets nach Gebrauch zu installieren. Lassen Sie umfangreichere Systeme gegebenenfalls vom Fachmann anschließen.
Halten Sie sich beim Einsatz von Dünge- und Pflanzenschutzmitteln genau an die Gebrauchsanweisung auf der Verpackung. Bewahren Sie diese Mittel (auch organische) so auf, daß sie für Kinder und Haustiere unerreichbar sind.

Die Fotos auf dem Umschlag

Umschlagvorderseite: Äpfel »Ballerina«; kleines Foto: Obstschnitt. Umschlagseite 2/Seite 1: Erdbeeren im Balkonkasten. Umschlagrückseite: Foto oben links: Verschiedene Beerensträucher (Schwarze und Rote Johannisbeeren, Stachelbeeren, Erdbeeren). Foto oben rechts: Aprikosen. Foto unten: Hauszwetschge.

Die Fotografen

Die Fotos in diesem Buch stammen von Peter Himmelhuber mit Ausnahme von: Burda:Seite 14/15, (Skogstad) Seite 16 (großes Bild), (Stork) Seite 32/33; Nickig: Seite 30 (rechts); Reinhard: Seite 2, 3 (links), 4/5, 7, 27 (großes Bild), 37, 46; Silvestris: Seite 5, (Kuch) Seite 27 (kleines Bild), U4 (oben rechts); Stein: Seite 29 (großes Bild), 45, 50; Strauß: U2/Seite 1, 11, 13, 21 (rechts), 22 (links), 23 (beide), 24 (kleines Bild), 26 (unten), 28 (großes Bild), 30 (rechts), 34, 39, 40, 55, 56.

© 1998 Gräfe und Unzer Verlag GmbH, München

Alle Rechte vorbehalten. Nachdruck, auch auszugsweise, sowie Verbreitung durch Film, Funk und Fernsehen, durch fotomechanische Wiedergabe, Tonträger und Datenverarbeitungssysteme jeder Art nur mit schriftlicher Genehmigung des Verlages.

Redaktion und Herstellung: Verlagsbüro Kopp
Layout und Umschlaggestaltung: Heinz Kraxenberger
Satz: Filmsatz Schröter
Repro: PHG Litho
Druck und Bindung: Kaufmann, Lahr

ISBN 3-7742-2164-2

Auflage 4. 3. 2. 1.
Jahr   01 00 99 98

Saftige Früchte

Zu den beliebtesten Topfobst-
bäumen zählen Äpfel, denn
sie fruchten am ergiebigsten.
Natürlich tragen sie weniger als
ausgepflanzte Apfelbäume. Bei
passenden Bedingungen und
der richtigen Pflege (möglichst
große Gefäße mit nährstoffreicher Erde) entwickeln Apfelbäumchen im Kübel jedoch zuverlässig Blüten und Früchte.
Insbesondere Spindelbuschbäumchen, sogenannte »Ballerinas«, empfehlen sich für die
Topfkultur. Bewährt haben sich
die Sorten 'Walz', 'Bolero' und
'May Pole'.

*Die alte Apfel-Sorte 'Goldparmäne'
läßt sich auch als Topfobst ziehen.
Sie muß allerdings auf eine
schwachwachsende Wurzel-Unter-
lage veredelt sein.*